매운맛 육아

섬세한 아이를
창의적인 아이로 키우는
공감의 기술

매운맛 육아

김하연 지음

넥스톤

일러두기
- 이 책의 내용은 아이를 돌보는 모든 양육자를 위한 것이지만, 편의상 주양육자를 '엄마'로 상정했습니다.
- 본문에 등장하는 윤호 친구들의 이름은 모두 가명입니다.

들어가는 말

딱 36개월만 참아보기로 했습니다

에버랜드에서 야간 퍼레이드까지 보고 집에 오자마자 욕실로 뛰어들어가 물감놀이를 하고, 씻고 나와서는 색종이 접기를 하고 책도 다 읽었는데 아쉽다고 합니다. 눈에는 졸음이 가득한데 어떻게든 자는 걸 피해보려고 애를 씁니다. 새벽 1시가 넘어 겨우 잠이 든 아이, 뒷정리를 마치고 새벽 3시가 되어서야 아이 옆에 눕는 것이 일상인 지 오래입니다.

눈 감으면 바로 기절할 각이지만 다음 날, 아니 오늘 아이와 뭘 하며 보낼지 계획하거나 아이가 하고 싶다던 걸 찾아둬야 합니다. 다들 잘 수 있을 때 자라고 하지만, 이런 에너자이저와 계획 없이 집에서 하루를 보내는 것은 재건축 공사 분진으로 창문까지 꼭꼭 걸어 잠근 14평 작은 집에선 불가능하거나 더 가혹할 때가 있었지요. 갯벌체험을 떠날 계획으로 겨우 숙제 아닌 숙제를 마치고 새벽 4시경 눈을 감았는데 아이가 귀신같이 눈을 뜹니다.

"엄마, 꿈이 무서워."
"엄마, 나 잠 깼어요."
"엄마, 우리 조금만 놀아요."
"엄마, 미안해요. 나는 잠이 안 와요."

등은 완전히 바닥에 붙어버렸고, 침대는 내 몸을 잡아당기다 못해 빨아들이는 느낌이지만 힘겹게 몸을 일으킵니다. 아이와 새벽 놀이를 하다 보니 어느덧 아침 6시 30분, 창밖엔 동이 트고 아빠의 알람 소리를 들으며 우리는 그때야 눈을 감았습니다.
모처럼 밤 10시에 잠이 든 날은 얼마나 기쁘던지, 후다닥 빨래를 개고 드디어 우리도 자정 전에 자유시간 한번 가져보자며 뒷정리를 서둘렀는데 침대에 누우려 이불을 들추는 순간 아이가 벌떡 일어나 앉았습니다. '말도 안 돼! 이건 꿈일 거야.'
이불 들추던 손가락까지 그대로인 채 우리는 얼어붙었습니다. 드물지만 다시 잠들 수도 있다는 일말의 기대를 품어보지만 또렷해지는 아이의 눈을 보며 절망했습니다. 얼른 옆자리에 누워 아이를 다시 눕히고는 토닥여보고 자는 척도 해보지만 그럴수록 아이는 공손하게 속삭입니다. 차라리 떼를 쓰면 그 핑계로 거절하겠는데, 32개월짜리 작은 아이는 그동안 엄마에게 배운 대로 최선을 다해 어눌한 말로 마음을 표현했습니다.

"엄마, 나 놀고 싶어요.. 우리 거실 가서 놀면 안 돼요? 조용히 할게요.. 약똑해요."

'미운 네 살'도 모자라 '미친 네 살'이라고 표현하는 이 시기에 같이 놀자고 이렇게 공손하게 청하는 아이. 하루 이틀도 아니고 32개월을 매일같이 쪽잠으로 지내려니 나도 모르게 짜증이 왈칵 터져 나올 것 같아 정신줄을 꽉 붙들어 맸습니다. 울지 않고, 떼쓰지 않고, 마음을 말로 표현하면 엄마는 들어주겠다고 가르쳤으니까. 그 약속을 지키려고 노력하는 만 32개월 아이의 요청을 지금 당장 피곤하다고 모른 척 뭉개버리면 다시 가르칠 땐 깨진 신뢰까지 회복해야 하는 문제가 생기겠지요. 아이 상태를 보아하니 다시 잘 것 같지도 않았고요.

피할 수 없다면 합리적으로 움직여야 합니다. 가능한 귀찮은 티가 나지 않도록 마음을 다잡고 몸을 일으켰습니다. 5분 전에 들어간 이불을 박차고 나와 출근 때문에 먼저 자야 하는 남편과 인사하고, 새벽 5시까지 아이와 속닥거리며 각종 알파벳 놀이를 했습니다. 알파벳에 푹 빠져 살던 네 살 여름이었습니다.

또래들이 하루 10~12시간 정도 잘 때 8시간 정도를, 그것도 끊어서 자는 아이. 주변을 보니 잠투정이 심한 아이들도 시간이 지나면서 통잠을 자고 엄마 껌딱지도 벗어나며 조금씩 키우기 수월해지는 것 같았습니다. 복직하고 경력을 다시 쌓아가는 엄마들도, 그새 둘째를 낳아 기르는 친구들도 있었습니다. 나는 고작 아이 하나만으로도 하루에 48시간짜리 삶을 빨리감기해 욱여넣는 느낌으로 허덕허덕 살고 있는데.

아이들 에너지야 어른이 감히 따라잡을 수 없다지만, 유치원에 다녀와서 물감놀이를 하고 놀이터에서 실컷 놀고는 다시 한 시간 차를 타고 바닷가에 가 갈매기 밥을 주고 왔는데도 아직 하고 싶은 게 많다는 아이의 에너지는 가히 상상을 초월했습니다. 친구와 하루쯤 놀고 나면 친구나 친구 엄마가 피곤해 몸져눕는 묘한 상황도 생겼습니다. 스케일이 조금만 작아도 괜찮으련만 호기심 많은 행동파는 잠깐 화장실에 간 사이 거실 바닥에 휴지심을 세워두고 식용유를 콸콸 붓는가 하면, 슬라임을 거실 끝에서 끝까지 거미줄처럼 늘어뜨려 놓는 게 일상이었습니다. 화장실에서 나오면 영화 속 도둑이 레이저 침입탐지기를 하나하나 피해가듯 슬라임 거미줄을 통과해야 했습니다.

혼자만의 시간이 절실했습니다. 사내 아나운서로 9년간 재직하며 현장 취재, 행사 진행, 라디오 녹음, 원고 작성, 메이크업까지 혼자 해결하며 초 단위로 뛰어다닐 때는 적어도 먹고 싸는 자유는 있었는데, 며칠을 꼬박 새워도 일만 끝나면 늘어지게 잘 수 있어 견딜 수 있었는데, 엄마가 된 후로는 아무런 계획도 세울 수 없었습니다. 그저 아이가 기다려주는 순간이 먹고, 자고, 쌀 수 있는 시간이었습니다. '엄마'라는 자리는 배가 고프지 않아도 아이가 혼자 무언가에 집중했을 때 밥을 먹어두어야 하고, 눈꺼풀이 아무리 무거워도 아이가 부르면 절대 감아선 안 되는 막중한 자리였습니다. 싸는 건 할 수 있지만, 사생활 보장 따위는 사치 중의 사치였지요. 자유민주주의에서 '자유'라는 두 글자가 얼마나 고귀한 가치를 담고 있는지 엄마가 되고 나서야 뼛속 깊이 깨달았습니다.

"너 정말 괜찮니?"

아이 셋을 키워낸 양가 할머니들도 고개를 절레절레 흔드신 매운맛 아이. 첫 아이였고 고단함에 몸은 당장이라도 녹아내릴 것 같았지만 비교적 여유로운 마음으로 대할 수 있던 건 영유아기부터 어린이집, 초중고 입학, 사춘기, 군입대까지 엄마로서의 한 사이클을 간접 체험했던 특별한 경험 덕분이었습니다.

급격히 기울어진 가정 형편에 아빠는 부재했고, 엄마는 여유가 없었습니다. 열세 살 터울의 늦둥이 동생을 돌보며 엄마의 고민을 같이 나누었고, 엄마 대신 학부모 자리에 가 있기도 했습니다. 누나도 아니고 엄마도 아닌 중간 어디쯤에서 초보 엄마들이 첫 아이를 양육하며 마주할 '처음'을 겪었습니다. 아들은 생각보다 빨리 엄마의 힘을 넘어섰고, 마냥 어렸던 막둥이는 어느새 꼬마가 아니었습니다. 그때의 당황스러움도 생생하게 기억합니다.

딸 둘을 그럭저럭 잘 길러냈기에 엄마는 시간이 지나면 막내의 사춘기도 곧 지나가리라 믿었지요. 그러나 일찍 닫힌 아이의 마음은 쉽사리 열리지 않았고 갈등의 골은 나날이 깊어져 갔습니다. TV 프로그램에 나오는 문제상황이 곧 우리 집의 모습이었습니다. 그때부터 각종 육아 프로그램과 육아서적, 전문가들의 강의를 보고 들으며, 불통의 시작은 어디서부터였는지를 고민했습니다. 15년 넘게 지속해온 저의 취미는 육아 공부와 사람 관찰입니다. 어쩌면 그만큼 간절한 문제였기에 그랬는지도 모르겠습니다.

많은 시간이 흐르고 우리 가족은 엉킨 실타래를 풀었지만 지나간 시간을 되돌릴 수는 없었습니다. '좀 더 일찍, 아이의 신호를 알아챌 수 있는 혜안이 있었다면' 하는 아쉬움이 남을 뿐.

15년 넘게 이어온 공부를 한 줄로 요약하면 '어떤 것도 영유아기의 안정된 정서보다 우선할 수 있는 가치는 없다'는 것입니다. 그래서 임신과 출산을 하면서 딱 36개월 동안은 화내지 않고 아이와 소통 주파수를 맞추겠노라 결심했습니다. 신기하게 아이의 키만큼 몸을 낮춰보면 익숙한 골목이 갑자기 두려웠고, 그 시선으로 아이를 바라보면 애써 참을 필요도 없이 화가 나지 않았습니다. 전문가들이 그렇게 강조하던 '아이 마음 읽기'의 시작이 이런 것일까 생각했습니다.

34개월이던 어느 날, 운전 도중 길을 잘못 들어 아이가 그렇게 하고 싶었던 체험활동에 거의 끝날 무렵에야 도착하고 말았습니다. 물론 길을 잘못 들어서자마자 이실직고하고 사과부터 했습니다. 최선을 다해 가겠지만 많이 늦어서 체험이 끝날 수도 있다고, 정말 미안하다고. 그날 주차장에 도착해 내린 아이의 첫 마디는 이랬습니다.

"괜찮아. 그래도 여기까지 왔는걸?"

네 살 아이가 눈가를 촉촉하게 만들어주었습니다. 꾹 참았지만요. 진심으로 고맙다고 답했습니다.

매운맛 육아를 하며 점점 더 실감하는 것은, 기질이 어떠하든 엄마의 일상 속 소통능력이 핵심이라는 사실입니다. 실패해도 괜찮습니다. 과거의 우리 가족이 그랬듯 실패가 없으면 더 나은 선택도, 고민도 없을 테니까요. 자존감, 자기조절력, 회복탄력성, 이것은 엄마로서 평생 아이에게 줄 수 있는 가장 큰 선물입니다. 이것이 갖춰지면 학령기에도 떠먹여줄 필요 없는 아이가 되지 않을까요? 그 선물을 마련하는 과정이 제 방식의 '정서적 금수저 프로젝트'입니다.

1장에서는 아기띠를 매고 밤새 검색의 늪에 빠져 혼란스러워하는 영유아 엄마들의 가장 큰 고민거리를 이론과 경험을 묶어 정리했습니다. 2~4장은 '정서적 금수저 프로젝트'의 구체적인 장면들을 담았습니다. 2장에서는 (먼 훗날) 엄마 마음이 지치지 않으려면 영유아기 아이 마음이 다치지 않도록 소통하는 것이 중요함을, 3장에서는 아이 마음을 제대로 알고 놀이하면 두뇌 발달도 즐겁게 이룰 수 있음을 소개합니다. 4장은 아이가 맞닥뜨리는 다양한 감정과 당황스러운 상황을 '자기조절력'으로 바꾸어내는 과정을 담았습니다. 손 많이 가는 영유아기, 이왕 힘들 바에 최대 효과를 얻을 수 있는 육아를 하면 먼 훗날 사춘기도 수월하게 보낼 수 있다고 자신합니다.

5장에서는 예민한 아이의 내면에 숨겨진 특성을 알아채지 못해 어려움을 겪는 부모들을 위해 예민함과 영재의 연결고리 및 영재에 대한 오해를 정리했습니다.

2017년 10월 출산과 함께 만든 SNS 계정은 어느덧 팔로워 4만 명을 훌쩍 넘었습니다. 처음엔 편견을 깨는 자유로운 놀이로 주목을 받았지만, 점차 아이를 대하는 양육 태도와 대화 기록, 성장기에 관심을 보이는 분들이 늘어났습니다. 심지어 어린이집 교사, 관련 기관 종사

자들이 비전공자인 저에게 육아 상담을 하기도 했습니다.

  일면식 없는 저에게 깊은 이야기를 털어놓는 엄마들을 보며, 제 이야기가 누군가에게는 위로가, 누군가에게는 나침반이 될 수도 있겠다는 생각을 했습니다. 육아에는 정답이 없고 제 이야기도 결코 정답일 수 없지만, 그래도 아이와의 소통에 고충을 겪는 분들에게 도움이 될지도 모른다는 생각에 용기를 내어 우리의 이야기를 들려드립니다. 아이의 입에서 나온 단어 하나까지 최대한 솔직하게 담아보았습니다. 겪어보지 않으면 결코 알 수 없는 육아의 벽에 갇혀 그 흔한 조리원 동기도 없이 외롭게 버티고 있는 누군가에게, 매운맛 육아로 긴 밤을 지새운 우리 가족의 이야기가 한 줄기 빛이 되기를 간절히 바랍니다.

차례

들어가는 말 | 딱 36개월만 참아보기로 했습니다 … 5

1장
아프지 않고 지치지 않기 위해, 엄마 공부 시작!

매운맛 육아, 나만 이런 거야? … 21
아이의 기질, 부모의 기질 알기 … 27
감정 표현의 선생님은 바로 엄마 아빠 … 34
'안 돼'라는 말, 정말 쓰면 안 되는 걸까? … 38
재접근기 : 어느 날 다시 껌딱지가 된 아이 … 44
3년은 엄마가 키우라고요?
: 아이는 불안하지 않게, 엄마는 미안하지 않게 원칙 세우기 … 47
AI 시대에도 끄떡없는 아이로 키우는 '정서적 금수저' 프로젝트 … 51

2장
정서적 금수저 프로젝트 1
: 아이 마음 다치지 않는 '공감'의 기술

똑같이 던졌을 뿐인데 엄마 표정이 달라요 : 진지하게, 상냥하게, 간결하게 … 57
재밌는데 갑자기 그만하래요 : 아쉬운 마음을 읽어주는 '두 번만 더' … 61

또, 또, 또 나중에 해준대요 : 약속을 어긴 적이 있는지 돌아보기 … 65
나는 무서운데 엄마는 무서운 게 아니래요
: 나의 격려, 아이에게 정말 격려일까? … 72
소아과는 무서운 곳이 아니었어요 : 마음의 준비를 돕는 리허설 … 79
영어는 들려주면서 어른들 말은 안 들을 거라 생각하세요?
: 자나 깨나 입술 조심! … 83
'싫다', '아프다'가 무슨 뜻이냐면요 : 마음 표현하는 법 알려주기 … 89
서툰 모습은 보여주기 싫어요 : 회복탄력성을 키우는 엄마의 한마디 … 95
'안녕하세요'는 너무 부끄러워요 : 사람들 앞에서도 아이 마음이 먼저 … 100
놀다 보면 엄마가 안 보여요 : 함께한다는 믿음 주기 … 105
자꾸 왜냐고 묻지 마세요 : 엄마가 설명해볼게 … 110
속마음은 소리가 안 들린대요 : 진심을 꺼낼 수 있도록 돕기 … 114
어른들 뜻대로 할 거라면 묻지 마세요 : 약속과 통보는 다르다 … 117
엄마를 다시 못 보면 어떡해요? : 설레고 불안한 마음 받아주기 … 123
엄마 품에서 잠깐만 충전할게요 : 아이 마음 채워주는 가장 쉬운 방법 … 130

3장

정서적 금수저 프로젝트 2
: 가능성을 가두지 않는 진짜 '아이 주도 놀이'

저지레는 아기의 미션 … 137
국민 육아템이 안 통하는 아이 … 140

주방놀이는 진짜 주방에서 : 색안경 벗어 던지기 ⋯ 143
엄마 눈에 좋아 보이는 게 아니라 아이가 좋아하는 것에서 출발하기 ⋯ 147
'없으니 할 수 없지' vs. '다른 방법이 없을까?' ⋯ 155
욕실은 아이 실험실 ⋯ 159
몰입이 불러온 무궁무진 알파벳 세계 ⋯ 165
조기교육하는 마음으로 청소도 정리도 즐겁게 ⋯ 172
아이 마음 다 알지만 귀찮은 엄마들에게 ⋯ 177
동영상도 그저 놀이의 하나 : 미디어를 대하는 태도 ⋯ 183
진짜 멋진 생각인데? : 놀이 속 엄마의 한마디가 주는 힘 ⋯ 189
마음을 읽으면 모든 놀이가 작품이 된다 ⋯ 193
아들표 티셔츠 입고 출근하는 아빠 ⋯ 197

---------- 4장 ----------

정서적 금수저 프로젝트 3
: 내가 선택한 선행학습, '자기조절력'

화내기 전에, '아, 다행이다!' ⋯ 205
고마웠어, 다음에 또 보자! : 일상에서 배려하는 법 익히기 ⋯ 209
엄마 가방은 도라에몽 가방 : 친구 장난감이 재미있어 보일 때는 ⋯ 212
사랑을 표현할 줄 아는 아이로 ⋯ 216
엄마는 '내가병'을 이해하고, 아이는 '도와주세요'를 익히고 ⋯ 221

양보하지 않아도 괜찮아 ··· 225
우는 아이가 늘 피해자는 아니에요 ··· 230
비교하는 마음도, 경쟁하는 마음도 씻어주는 매일 밤 엄마표 즉석 동화 ··· 235
때리는 친구가 있을 때 : 공감 먼저, 그다음에 훈육 ··· 240
더 놀고 싶은 마음을 알아주면 : 아쉬움이 서운함이 되지 않도록 ··· 245
실망하는 것도 당연해 : 아이의 감정도, 약속의 소중함도 깨지지 않도록 ··· 249
'Fail'은 다시 할 수 있다는 뜻이야 : 밤새워 큐브 박사가 된 날 ··· 253
희로애락 모든 감정은 모두 소중해 ··· 257

5장

매운맛 아이,
조금 더 정교하게 보듬어주기

예민한 아이 vs. 예민해진 아이 ··· 265
무엇보다 중요한 아빠와의 합(合) ··· 272
예민한 아이, 혹시 영재여서? ··· 279
영재이기 때문에? 영재이기 때문에! ··· 284
아이와 매일 산으로 바다로 달린 진짜 이유 ··· 291

나가는 말 | 실패해도 괜찮아요 ··· 299

1장

아프지 않고 지치지 않기 위해, 엄마 공부 시작!

매운맛 육아, 나만 이런 거야?

신생아 시절부터 잠은 늘 숙제였다. 초강력 등센서를 장착하고 있어 하루 종일 품에 안고 있어야 했고, 배앓이라도 하는 날이면 밤새도록 쩌렁쩌렁 울어댔다. 청각은 또 어찌나 예민한지, 겨우 재워서 자리에 눕히고 일어서다가 무릎에서 '뚜둑' 소리라도 나면 번쩍 눈을 떠버리는 바람에 그대로 다시 주저앉은 적이 한두 번이 아니다. 임신 시절 먼저 출산한 친구가 다른 거 다 필요 없고 잘 자는 아기 태어나게 기도하라고 왜 그리 강조했는지 알겠다.

인스타그램 팔로워 수가 급증했던 게 그때쯤으로 기억한다. 아이 백일 즈음, 고생 끝에 터득한 엎어 재우기 스킬을 남편이 동영상으로 선보였을 때다. 돌연사 위험이 높아 아기를 엎어 재우는 것을 추천하지 않지만, 당시 수면 부족에 시달리던 우리 부부는 번갈아 지켜보며 엎어 재우는 쪽을 선택했다. 쪽잠만 자던 아이가 요리조리 고개를 돌려가며 몇 시간을 푹 자는데, 그렇게 자고 나면 아이도 개운한지 뽀얗게 부은 얼굴로 눈웃음을 마구 날리니 포기할 수가 없었다.

아이를 울려서라도 눕혀 재우는 수면교육을 해보라고 권유도 많이 받았지만 영 내키지 않았다. 어두운 방 안에서 5분, 10분을 울어도 엄마 아빠가 오지 않는 경험, 공포스러운 상황에 내몰렸다가 지쳐 잠드는 것이 아이에게 과연 득이 될까. 게다가 아무리 울어도 엄마가 와주지 않았다는 불신까지 갖게 된다면 기나긴 육아 레이스에서 그보다 큰 마이너스가 또 있을까 싶었다. 아기의 울음에는 분명히 이유가 있을 것이고, 그 부름에 바로 응답해주는 것이 엄마의 역할이라 생각했다. 잠깐은 울려도 된다며 아이가 자지러지게 울 때만 안아 올렸다가 얼른 내려놓고, 그다음엔 소리 나게 문 닫고 나가기를 반복하면서 아이가 혼자 잠들 때까지 포기시키는 방식은 아무리 봐도 납득이 되지 않았다. 개인의 선택을 존중하지만 내 동생이, 언니가 그렇게 한다고 하면 지금도 뜯어말릴 것이다.

최대한 아기 입장이 되어보면 우는 아이를 바라보는 마음이 조금 너그러워졌다. '그래, 엄마 배 속에서도 누워 잤을 리 없는데 모든 게 낯설겠지.' 화성 남자, 금성 여자처럼 아기도 어느 별에서 온 외계인이라고 생각하면 극한 피로가 몰려와도 넘길 수 있었다.

다만… 그때만 해도 등에 박힌 가시가 그렇게 오래 갈 줄은 몰랐다. 남편의 엎어 재우기 스킬에 하트를 누르고 팔로우했던 랜선 육아동지들도 하나둘 '등센서 없는 통잠' 소식을 전해왔다. 부러우면서도 씁쓸한 마음이 들었다. 아무리 해도 능숙해지지 않는 요리처럼 혹시 아이를 재우는 데에도 손맛이 필요한 건 아닌지, 갑자기 한 번씩 작아지는 기분도 들었다.

백일만 고생하면 기적이 온다던데, 우리에겐 통잠이 아니라 엉뚱하게도 이앓이라는 놈이 찾아왔다. '이번 역은 이앓이 역입니다.' 안내방송이 있는 것도 아니었다. 어차피 울 거 잇몸이라도 가리키며 울면 얼마나 고마울까. 한 일주일 원인 모를 투정과 자지러지는 울음을 뜬 눈으로 견뎌내면 윗니 하나가, 또 그렇게 일주일 버티고 나면 아랫니 하나가 빼꼼 머리를 내밀었다. 그래도 잇몸만 뚫고 올라오면 그날 하루는 고생했다며 꿀 같은 잠을 허락해주곤 했다.

첫니부터 시작된 이앓이는 어금니까지 유치 20개가 다 올라오는 동안 지독하도록 성실하게 우리와 동행했다. 차가운 치발기, 얼린 손수건, 이앓이 캔디는 상시 대기였고 밤마다 찡얼거리면 은단 알갱이 같은 이앓이 캔디 몇 알을 입술 사이로 집어넣으며 몇 분씩 버텨냈다.

마지막 어금니 출산 때는 가진통부터 진진통까지, 분만실이 따로 없었다. 그 뒤로 한시름 놓았던 이앓이. 그러다 50개월 차에 이유 없이 앞니가 흔들려 치과에 가보니 유치 안쪽으로 영구치 앞에 이중주차된 치아 두 개가 떡하니 발견되었다. 과잉치란다. '필요 없는 이가 두 개나 더 있어?' 그것도 하나는 아래 방향으로, 하나는 코를 향하고 있다고 했다. 자유로운 영혼은 앞니마저 자유로웠다.

세 돌이 가까워지도록 두세 시간 자고 깨서 놀다가 다시 서너 시간 자고, 또 일어나 놀다가 해 뜨면 마저 자는 아이 곁에서 보조를 맞추다 보니 걱정이 끊이지 않았다. 모른 척 불 끄고 자버리라는 조언부터 엄마가 너무 잘 놀아줘서 그런 거다, 과잉보호다, 놔두면 아이도 자게 돼 있다, 너무 아이에게 휘둘리지 말라 등등. 계속되는 수면 부족이 염려되어 걱정해주는 마음은 진심으로 고마웠지만, 겪어보지 않고 하는 말을 반복해서 들으니 '정말로 내가 아이를 더 그렇게 만드는 건가' 하는 생각에 지칠 때도 있었다. 원치 않는 조언은 그만 듣고 싶었다.

근처 심리상담센터에 방문하니 밤에 아이가 기절해버리도록 낮에 에너지를 더 쏟을 수 있게 해주란다. 힘이 쭉 빠지는 조언이었다. 도대체 얼마나 더 에너지를 쏟으란 말인가. 재건축 지역이라 공사도 많고, 작은 집에서는 아이의 에너지를 감당할 수 없어 매일 산으로 바다로 놀러 다니고 있었다. 늦은 밤 집에 돌아오면 신발을 벗고 욕실로 직행해 타일 전체를 캔버스 삼는 스케일을 보여주며 물감놀이를 시작하는 아이였다. 차에서 이동할 때 잠들면 새벽까지 깨어 있을 게 뻔하니 잠이 들어도 최대 20분을 넘기지 않았다. 음악을 틀든 목소리를 키우든 좋아하는 동영상을 활용하든 아이가 차에서 잠들면 무슨 짓을 해서라도 깨웠다. 출발부터 도착까지 또릿또릿 뜬 눈으로 집에 온 적도 많았다. 이 에너자이저를 어떻게 밤에 기절하게 만든단 말인가.

평소에도 이러한데, 꿈에서든 일상에서든 무서운 경험이라도 하면 그날부터는 훨씬 강도 높은 유격훈련이 시작되었다. 낮에도 돌쟁이 아기처럼 딱 붙어 떨어지지 않으려 했고 밤이면 작은 소리에도 온 신경이 곤두서서 어느 것에도 집중하지 못했다. 다만 엄마가 곁에 있으면 아이는 세상 행복한 표정으로 온 집안을 쑥대밭으로 만들며 실험도 하고, 각종 놀이를 주도해나갔다. 피곤해서 잠시라도 무표정으로 멍하게 있으면 혹시 본인에게 화가 났는지 엄마의 분위기를 살피는 아이에게 "잠깐 힘들어서 쉬는 거야. 청소할 때도 웃으면 이상하잖아"라고 미소를 지어 보였지만, 나중에는 사실 그것도 쉽지 않았다.

다섯 살이 되어서야 통잠의 맛을 짧게나마 누릴 수 있었다. 참 달콤했다. 이 글을 쓰는 지금은 다시 두 달째 유격훈련 중이다. 마술을 좋아하는 아이인데, 어느 마술사의 쇼가 공포스러웠던 것 같다. 공연 때는 크게 반응하지 않더니 집에 돌아온 뒤부터 불안도가 '매우 높음'

으로 치솟았다. 오랜 시간 서서히 불안을 가라앉혀 왔다 여겼는데, 어떤 계기와 다섯 살의 상상력이 결합하니 예전보다 더욱 강력해진 느낌이다. 엄마가 시야에만 있으면 걱정 없이 뛰어놀던 아이가 대낮에도 온 집안 불을 다 켜놔야 안심한다. 잠드는 순간이 무서워 새벽 2시, 3시가 넘도록 더 활발하게 몸을 움직이며 억지로 잠을 밀어낸다. 3초만 잠잠히 쉬게 하면 바로 곯아떨어지면서도 이놈의 불안은 엄마가 옆에 있는지 한 시간마다 눈을 떠 확인하고, 잠시 화장실이라도 가 있으면 벌떡 일어나 쫓아오게 만든다.

　얼굴은 잿빛이고 꼴이 말이 아니지만, 그렇다고 차마 불 끄고 자는 척을 할 수는 없다. 그저 소용돌이친 마음이 잠잠해질 때까지 시간이 얼마가 걸리든 다독이고 응원하며 기다려주는 수밖에. 한 달 전보다 손톱만큼 나아지긴 했다. 달콤했던 통잠의 맛을 다시 볼 수 있기를 기대하며 지금도 나는 야근 중이다.

아이의 기질, 부모의 기질 알기

 나에게는 열세 살 터울의 막둥이 동생이 있다. 동생 사랑이 각별했던 나는 틈만 나면 꼬맹이에게 엄마 대신 뭘 해줄 수 있을까 고민했고, 엄마는 어느 정도 키운 둘째 딸이 막내를 데리고 놀아주니 그저 기특하게 여기셨다. 어려워진 가정 형편 때문에 아침 일찍 막내를 어린이집에 맡기고 출근하면 저녁에 데리러 가는 게 엄마의 일상이었고, 막내 손 붙잡고 부지런히 뛰어 집에 오면 곧바로 삼남매 저녁을 챙겨야 했다. 그런 엄마를 돕고 싶은 마음이 반, 혼자 어린이집에 늦게까지 남아 있을 동생이 안쓰러운 마음 반, 대학 시절에도 한 번씩 어린이집에 들러 동생을 챙겨 집에 오곤 했다. 손이 빠른 20대라 재롱잔치라도 열리면 다른 엄마들 틈에서 동생 사진을 찍어주는 게 나에겐 어렵지 않은 미션이었다.

하지만 누나는 결코 엄마를 대신할 수 없다는 걸, 대신해서도 안 된다는 걸 시간이 지나면서 깨달았다. 동생은 때로는 엄마보다 누나인 나를 더 의지했고 나는 그것이 내가 지금껏 잘해준 결과라고 여겼다. 그런데 어느 순간부터 동생은 엄마의 잔소리를 두 명에게 듣고 있었다. 가끔 큰누나까지 더하면 잔소리 보따리가 셋인 거다. 아, 지금 생각해도 이 부분은 미안하다. 어쨌든 살뜰히 챙긴다 해도 나는 미숙했고, 미숙한 게 당연한 아이였다.

동생의 사춘기는 생각보다 일찍 찾아왔다. 똘똘하고 말 잘하던 아이는 점점 말이 없어졌고 학교생활에 쉽게 적응하지 못했다. 교과 내용보다 훨씬 어려운 책을 스스로 찾아 읽으면서도 "정해진 시간 내에 선생님 앞에서 푸는 건 내키지 않는다"라는 논리로 쪽지시험은 백지를 낼 때가 많았다. "일기는 솔직하게 써야 하는데 선생님이 검사할 때마다 밑줄 긋고 메모를 남기면, 나는 가짜 일기를 써야 해?"라고 물으며 뭐 하나 쉽게 넘어가는 법이 없던 동생은 당시 아홉 살이었다. 그때 가장이나 마찬가지였던 엄마에게 아이의 뾰족함은 특별함이 아닌 힘듦이었고, 엄마와 동생은 시간이 지나면 나아질까 하는 막연한 희망 위에서 서로 지쳐가고 있었다.

아동심리 책을 도서관에서 찾아본 것도, 전공과 전혀 관계없는 교육학 수업을 듣기 시작한 것도 그때부터다. 〈우리 아이가 달라졌어요〉, EBS 다큐멘터리와 각종 육아 프로그램들도 틈틈이 챙겨 봤다. 〈우리 아이가 달라졌어요〉 프로그램이 던지는 메시지는 명확했다. 문제행동이 무엇이든 본질은 아이의 문제가 아니라는 것. 아이들의 모든 문제가 부모 때문이라 할 수는 없지만, 솔루션을 통해 상황이 나아지려면 부모가 먼저 변화해야 했다. 반드시.

공부를 할수록 사람이 세상에 태어나 건강한 몸과 마음을 지닌 '바른 어른'으로 성장한다는 것이 얼마나 위대하고도 어려운 일인지 절감했다. 언젠가 아이를 낳을 여성으로서 '엄마 공부'는 반드시 해야 한다고 생각했다. 아이와 제때 적절한 소통이 이루어지지 않으면 부모와 아이 모두 몇 배의 성장통을 겪어야 한다. 누구 하나 마음의 여유를 가지기 어려운 삶인데, 성장통을 감내하지 못하면 결국은 파국이다. 아이와 소통의 첫 단추를 제대로 끼우는 게 무엇보다 중요하다는 생각이 들었다.

어떤 방송이든, 어떤 책이든, 출발은 아이의 기질을 파악하는 것부터라고 했다. 기질은 선천적으로 타고난 것으로 외부 자극이 주어졌을 때 관찰되는 정서, 운동, 반응성 등을 말한다. 즉 기질은 바꿀 수 없으며, 똑같은 기질을 갖고 있더라도 어떻게 적응하느냐에 따라 긍정적으로 작용할 수도, 부정적으로 작용할 수도 있다. 따라서 기질을 이해하고 긍정적인 성격으로 잘 발달할 수 있도록 돕는 것이 부모의 역할이다.

요즘은 MBTI 성격유형 검사가 유행이지만 전문가들은 주로 TCI Temperament and Character Inventory 검사를 통해 개인의 타고난 기질을 이해하며, 정확도도 높은 편이다. TCI에서는 기질을 크게 네 가지로 나누어 설명한다.

1. 자극 추구 : 단조롭고 반복되는 것을 싫어하고 모험심과 호기심이 많으며 창의적인 편이지만, 잘못 발현되면 사고 위험성이 높다.

2. 위험 회피 : 상황을 실제보다 더 어렵고 위험할 거라 예상하고 걱정이 많으며, 긴장도가 높다. 긍정적으로 발현되면 철저한 준비력을 갖춘 신중한 사람이 되지만, 그렇지 않으면 도전을 꺼리고 현실에 안주하는 성향이 된다.

3. 사회적 민감성 : 타인의 반응에 얼마나 민감하고 예민하게 반응하는가를 뜻한다. 공감능력이 높다는 장점이 있지만, 타인의 눈치를 지나치게 보는 삶을 살 수도 있다.

4. 인내력 : 보상이나 이득이 곧바로 생기지 않아도 꾸준히 그것을 실행해가는 정도를 말한다.

우리 세 식구는 얼마 전 다 같이 기질검사를 했다. 윤호는 자극 추구가 높은데 위험 회피도 역시 높고, 여기에 사회적 민감성은 더 높은 아이라 여러모로 양육하는 데 에너지가 많이 드는 유형이었다. 도전적이고 직접 몸 쓰는 것에는 태릉인 같다가도 본인 생각에 무섭거나 걱정되는 부분이 있으면 절대 다가가지 않는다. 무서운 꿈이라도 꾸고 나면 일주일이고 한 달이고 눈이 뒤집힐 때까지 잠을 안 자려고 버티는 터라 아이의 불안과 무서움이 잠잠해질 때까지 공감해주며 스스로 안정을 찾도록 기다리고 인내하는 수밖에 없다.

특히 사회적 민감성 부분은 전문가들도 놀랄 정도여서, 상대의 의도를 파악하고 감정을 읽는 데 빠른 아이라고 했다. 이것은 굉장한 장점이 될 수도 있지만 아직은 미숙한 어린이다 보니 자신의 눈높이로 해석하고는 안 받아도 될 상처를 받을 수도 있기에 말 한마디, 행동 하나를 할 때도 아이를 고려하게 된다. 며칠 밤을 꼬박 새운 뒤 약국에 가서 "요새 잠을 못 자서 피곤하다"라고 무심코 한마디 뱉었다가 본인 때문에 엄마가 힘든 거냐며 시무룩해진 아이에게 다시 설명해준 적도 있다. "너 때문에 힘들어서 피곤한 게 아니라, 엄마가 새벽에 글을 써서 그런 거야. 앞으로는 무리하지 않을게"라고.

윤호의 기질은 예상했던 대로여서 그리 놀랍지 않았는데, 오히려 우리 부부의 기질에서 의외의 면을 확인할 수 있어 흥미로웠다. 나와 남편의 가장 큰 차이는 위험 회피(불안도)와 사회적 민감성 부분이었다. 나는 새로운 것에 대한 위험 회피가 낮은 대신 사회적 민감성이 매우 높았고, 남편은 윤호처럼 위험 회피가 높았지만 사회적 민감성은 매우 낮았다.

참 다행스러운 것은 그동안 우리가 아빠와 엄마로서 '각자 잘하는 것'에 집중해 왔다는 점이었다. 보통 체력 소모가 많은 바깥놀이나 장거리 외출 등은 주말이나 아빠가 쉴 때 함께하는 게 일반적이라면, 우리는 반대였다. 내가 주로 평일에 아이와 바깥놀이를 다녔고 아이와 몸으로 노는 것도 대부분 내가 맡았다. 그렇다고 딱히 힘들거나 불만스럽지 않았는데, 기질검사를 받고 나니 저절로 고개가 끄덕여졌다.

아빠는 아이의 섬세한 감정을 다 이해하기 어려워했고 때로는 지나치게 객관적으로 아이를 대할 때도 있었지만 나와는 전혀 다른 방식으로 아이의 호기심을 자극했다. 반면 나는 상대의 감정을 잘 읽는 편이고, 그때그때 주어진 상황에서 놀이 아이디어를 제공하는 데 어려움이 없어 아이의 욕구를 읽고 그에 맞게 채워주려 했다. 서로에게 불가능한 것을 요구했다면 얼마든지 갈등으로 이어졌을 테지만, 생각해보면 우리는 서로를 완벽하게 이해했든 아니든 각자 생긴 대로 잘 놀고 있었다.

타고난 기질에 따라 순한 아이가 있는 것은 사실이다. 같은 자극이라도 타격을 덜 받고 불편을 덜 느끼니 상대적으로 요구사항이 적고, 양육자의 에너지 소모도 덜하다. 까다로운 아이의 부모는 영문도 모른 채 아이의 24시간 호출에 상시 대기하며 왜 이렇게 까다로운지 이유를 찾아야 하니 에너지 소모가 상당하다.

'까다로운 아이도 편안하게 이끌어주면 얼마든지 안정적인 삶을 살아갈 수 있고, 온유하고 낙천적인 기질을 타고난 아이도 환경에 따라 얼마든지 불안정해질 수 있다.'

동생 때부터 오랜 시간 공부하며 이 말을 기억했고, 윤호가 까다로운 편이라고 판단된 순간부터 '인내'하고 기다려주면 끝이 있을 거라 믿었다. 그리고 만 3년도 되지 않아 사람들은 이제 "아이가 참 순하네요"라고 이야기하기 시작했다. 고된 일상은 계속되는 중이었지만, 아이의 불안도와 끝을 모르던 감각의 예민함이 조금씩 안정되는 게 느껴졌다. 타고난 기질이 뾰족해도 과하게 상처 주거나 받지 않고 함께 어우러져 살아가는 존재가 되도록, 둥글게 다듬을 수 있다는 걸 나는 내 아이를 통해 보여주고 싶었다.

감정 표현의 선생님은 바로 엄마 아빠

EBS 다큐멘터리 〈퍼펙트 베이비〉를 보다가 미국 미네소타대학 심리학과 미셸 잉글란드 교수의 말이 귀에 들어왔다. "아기는 생후 1년 동안 양육자와 맺는 관계를 바탕으로 자신에 대한 부모의 반응을 미리 예측하고 행동한다"는 말이었다. 울어도 바로 문제가 해결되지 않았던 아기들은 낯설고 불편한 상황에서도 엄마에게 이를 표현하지 못했다. 고작 생후 6개월 남짓한 아기인데도! 누워서 먹고 자고 싸는 것밖에 할 줄 아는 게 없어 보이는 아기들도 머릿속에 엄청난 것들이 학습되고 있었던 것이다.

연세대 소아정신과 신의진 교수 역시 생후 1년간은 최대한 아기를 울리지 말라고 강조했다. 이유 없이 우는 아이는 없으니 힘들더라도 울음을 모른 척하지 말라고 당부하며, 아기의 정서적 안정은 두뇌 발달로 이어진다고도 덧붙였다.

어린 아기들은 목소리와 표정만으로 세상을 느끼지만, 조금씩 자라는 과정에서 아이가 보내는 상호작용은 단순한 눈 맞춤 그 이상의 의미를 지닌다. 그런 아이에게 보내는 어른의 한마디는 아이 스스로 가치 없는 존재로 느끼게 할 수도, 자존감 높은 어린이로 자라게 할 수도 있다.

나아가 갓난아기가 옹알이할 때 부모가 웃으며 반응해주면 아이는 소속감을 느낀다고 했다. 엄마의 미소가 '나는 괜찮은 사람'이라는 안정감과 믿음까지 주는 것이다. 그런데 우리는 왠지 아이의 눈높이에 맞춘 말 공부는 전문가들의 영역이라 생각하는 것 같다. 어쩌면 삼시 세끼 밥을 먹는 것보다 더 일상적인 것이 평생 주고받는 '말'이 아닐까? 말이 트이기 전 아기들과는 '상호작용'이 그 역할을 할 테고 말이다. 그런데 우리는 출산준비물은 열심히 검색하면서도 아이와의 상호작용에 대해서는 잘 모른다는 것조차 모르고 있다.

출산과 육아라는 거대한 쓰나미 속에서 온 힘 다해 버텨내는 엄마들에게 아기의 배냇짓은 하루의 선물과도 같다. 이렇게 귀하고 예쁜 존재가 내게 왔다니! 그러나 엄마의 입꼬리는 생각보다 무겁다. 아이를 낳아 키워보니 아기가 누워만 있는데도 할 일은 오천 가지가 넘고 목 늘어난 수유티에 쫄바지, 삐죽삐죽 솟은 앞머리까지 조화를 이룬 내 모습을 마주하는 것도 적지 않은 스트레스였다. 의식하지 않으면 온 얼굴 근육이 고스란히 중력을 받았다. 게다가 대답 없는 아이를 향해 어른 혼자 웃고 떠드는 게 쉬운 일은 아니었다. 그래도 아이와 나 서로를 위한 일이었기에 아기 얼굴을 마주보기 전에 축 처진 입꼬리를 의식적으로 한껏 끌어 올리고는 조잘조잘 떠들어댔다.

다큐멘터리 〈퍼펙트 베이비〉에는 열 명의 6~7세 아이들을 대상으로 한 흥미로운 실험도 등장한다. 쉬운 퍼즐과 어려운 퍼즐 중 한 가지를 고르는 실험, 1분간 쳐다보지 않으면 선물을 주기로 하고 바로 옆에서 바스락거리며 포장을 하는데 이를 보지 않고 참아내는 실험, 어렵게 인내하며 얻어낸 선물이 쓸모없는 플라스틱 컵 뚜껑임을 알았을 때 아이들의 반응을 살피는 실험.

한 번 실패한 어려운 퍼즐에 다시 도전하는 선택을 하고, 약속을 지키기 위해 1분이나(!) 보고 싶은 충동을 참아내고, "선물 멋지지?"라고 묻는 선생님을 배려해 애써 실망한 티를 감추고 컵 뚜껑을 멋지다고 대답해준 아이는 세 명이었다. 그리고 이 결과는 놀랍게도 엄마의 감정조절 능력과 정확히 일치했다. 스트레스 상황에서 아이의 감정을 먼저 배려하고 다독여준 엄마들의 아이였던 것.

프로그램에서 미네소타대학의 제프리 심슨 교수는 "스트레스에 어떻게 대처해야 할지 처음으로 관찰하게 되는 대상 역시 부모다. 아이들은 굉장히 영리해서 부모가 돌발상황에 어떻게 대처하고 감정을 조절하는지 관찰하고, 그것을 본보기로 삼는다"라고 했다. 아이에게 부모는 처음 만나는 세상과도 같다는 것이다.

아이들은 상황 대처법이나 감정조절 방법 외에도 주양육자로부터 의사소통 방법을 배우게 되는데, 부모와 소통이 잘되는 아이는 친구와의 소통도 원활하고 타인의 정서를 이해하는 공감능력도 잘 발달한다. 많은 엄마들이 아이 학령기가 되면 그제서야 공부법을 검색하고 자존감 높은 아이로 키우는 법, 사회성 높은 아이로 키우는 법을 벼락치기하듯 찾아보지만, 모든 것의 토대가 되는 아이의 안정적인 정서는 영아기 때부터 차곡차곡 쌓인다. 때마다 보약을 먹이는 것보다 아이의 감정을 잘 읽고 소통해주는 것이 몸과 마음이 건강한 아이로 키우는 데 훨씬 좋다는 생각이 더 확고해졌다.

'안 돼'라는 말, 정말 쓰면 안 되는 걸까?

24개월 이전에는 훈육하지 말라는 말을 많이 들었다. 육아상식을 공부한 엄마라면 아기에게 "안 돼"라는 말을 해서는 안 된다는데, 어딘지 이상했다. '안 되는 걸 안 된다고 하지 않으면 아기에게 뭐라고 설명해?'

실제로 여러 강의를 찾아 들어봤지만 어디에도 훈육하지 말라는 내용은 없었다. 심지어 훈육하지 말라는 제목의 강의도 막상 들어보면 아이에게 화내지 말고 찬찬히 말로 가르치라는 내용이었다. 그러니까 '훈육'이라는 단어에 대한 해석의 차이가 있었던 것이다. 화내고 겁을 주는 것은 애초에 '훈육'이 아닐뿐더러, 24개월 이전만이 아니라 이후에도 하면 안 되는 것이었다.

아기발달 전문가로 유명한 김수연 박사는 신생아 때부터 훈육이 필요하다고 강조했다. 그동안 일관된 기준 없이 요구사항을 다 들어주던 엄마가 24개월 또는 36개월 즈음에 갑자기 안 되는 것을 이야기하며 훈육을 시작하면 아이는 배신감을 느껴 더 떼를 쓰게 된다고 했다. 내가 아이라도 그럴 것 같았다. 안 되는 일에 대해서는 "(허락해주지 못해서) 미안해, 하지만 안 돼"라고 명확하게 밝히되 언성을 높이지 않고 차분하게 말해주는 것, 그게 바로 훈육이었다.

'안 돼'라는 말이 아이에게 상실감을 준다는 우려의 시선도 있지만 중요한 건 말에 이어지는 부모의 행동이다. 돌 이전 아이들은 표정과 목소리를 통해 상황을 인지한다. 말을 길게 하는 것은 마치 외국어처럼 들리므로 아기들에게 '안 돼' 뒤에 이유를 길게 설명하는 건 시간 낭비나 마찬가지다. "엄마가 던지면 된다고 했어, 안 된다고 했어?" 식의 나열식 질문은 아이에게 혼란만 줄 뿐, 문장이 길면 아이가 '던지는 건 된다'고 일부분만 기억하는 오류가 생길 수도 있다. 최대한 간략하게 "미안해, 이건 위험해서 안 되는 거야"라고 명확하게 선을 그어주되, 너무 자주 통제가 이루어지지 않도록 아이가 닿을 수 있는 위험한 환경을 미리 차단해두는 것이 가장 좋다.

윤호는 만 6개월이 되기 전 엉덩이를 들어 올려 네발 기기를 시작했다. 아이는 그저 본능에 충실했고, 다행이라면 숨으려 해도 숨을 곳이 없는 자그마한 집이어서 아이가 무엇을 하든 한눈에 들어온다는 것이었다. 윤호는 협탁이든 의자든 다리가 닿으면 대롱대롱 매달려 올라갔고, 손에 잡히는 건 뭐든 입으로 가져갔다. 위험한 건 안 된다는 메시지를 충실하게 전했지만, 그 외에는 무조건 안 된다는 부정적인 내용 대신 대안을 제시하며 금지된 상황에서 빠져나올 수 있게 유도했다. 호들갑스러운 의성어로 시선을 끌어 아이의 혼을 빼놓기보다는, 자연스럽게 다른 놀이로 유도한 다음에 그 전의 위험했던 상황을 짧게 설명하는 방식이었다.

예를 들면, 아기와 놀이터에 가면 열에 여덟아홉은 미끄럼틀을 거꾸로 올라가려고 한다. 이때 대부분의 부모는 "안 돼, 거꾸로 가면 안 돼!"를 외치거나 혹은 아이를 잡고 거꾸로 올라가도록 도와주는데, 나는 애초에 거꾸로 올라가는 방법 같은 건 존재하지 않는 듯이 행동했다. 어차피 혼자서 미끄럼틀 타고 내려오는 행위 자체가 위험한 시기라 아이를 잡아주면서 자연스럽게 곧장 계단 쪽으로 몸을 돌린 채 걸어가며 말했다.

"너무 재밌다! 미끄럼틀은 계단으로 올라갔다가 슝 내려오는 거지? 거꾸로는 아니에요."

사람이 많으면 부딪힐 수도 있고, 어른이 잠시 눈을 돌린 사이에 사고가 날 수도 있다. 어느 정도 조절할 나이가 되면 거꾸로 올라갈 수도 있겠지만 그건 나중 문제였다. 뭐든 처음 배울 때 제대로 배워야 뒤탈이 없다고 생각하는 편이다. 실제로 아이가 다섯 살이 되고 나서 돌이켜봐도 잘했다고 여기는 일 중 하나가 미끄럼틀을 탈 때 아이가 통제받는다고 느끼지 않도록 자연스럽게 안전한 방법을 훈육한 점이다. 미끄럼틀을 시작으로 새로운 기구나 시설물 등을 대할 때마다 일관되게 적용하니 아이도 위험한 방법으로는 시도하지 않았다. 미끄럼틀이라고 예외로 했다면 그 범위가 점차 확장됐을 테고, 날쌔고 거침없이 몸을 내던지는 아이에게 언제 어떤 사고가 발생했을지 알 수 없는 일이다.

아이가 조금 높은 곳에 올라갔다 하더라도 아주 위험하거나 다급한 상태가 아니라면 화들짝 놀라는 반응은 가능한 자제했다. "혼자서 높은 곳까지 올라갔네? 우와, 이제 우리 한 칸씩 점프해서 내려와 볼까?" 하는 식으로 안전하게 내려올 수 있도록 방향을 전환시켰다.

"다음부터 높은 곳은 엄마랑 같이 올라가자. 혼자서는 위험해. 다칠 수 있어."

다 내려온 뒤에 안 된다는 의미는 명확히 전달해주되, 즐거운 분위기를 깨지 않고 자연스럽게 소통과 놀이가 이어지도록 신경썼다. 어른의 힘으로 즉시 구조해야 하는 상황이 아니라면 가급적 위험해서 안 된다고 다그쳐 아이의 기운을 끊는 '맥脈 커터'가 되지 않으려 노력했다. 덕분에 만 48개월이 넘도록 안 되는 행동을 하지 않도록 단호하게 훈육하면서도 아이에게 화난 얼굴로 윽박지르거나 강압적인 모습을 보인 적은 없었다. 말이 길어지거나 감정이 섞였다고 느껴질 땐 곧장 사과했다. 아이의 말이 트이기 시작했을 땐 '울거나 화내면서 말하면 엄마는 들어주지 않는다'고 처음부터 못을 박았다. 단호한 메시지는 낮은 목소리로 차분하게, 놀이할 때와는 다른 느낌으로 담백하게 전하려 했다. 안 된다는 말을 놀이할 때와 똑같은 말투로 하면 아이가 장난으로 여길 수 있기 때문이다.

이 모든 게 처음부터 저절로 됐다면 더할 나위 없이 좋았겠지만 나 역시 부족한 사람이어서 매 순간이 자신과의 치열한 싸움이었다. 엄마와 동생이 겪은 불통의 어려움과 아무 도움이 되지 못한 당시의 무력감이 나를 공부하게 했고, 실시간 나를 돌아보도록 만들었다. 덕분에 윤호에게는 제대로 된 훈육의 스타트를 끊을 수 있었고, 내 감정을 아이에게 쏟아내는 매우 흔하지만 커다란 실수를 피할 수 있었다.

김수연 박사는 저서 《0세부터 시작하는 감정조절 훈육법》에서 단호하고 일관된 메시지를 받고 자란 아이는 사회성도 좋고 자존감도 높아질 뿐 아니라 성장했을 때 자신이 부모에게 얼마나 사랑받고 자랐는지 알게 된다고 했다. 엄마들이 조심하는 "안 돼"라는 두 글자보다는 일관성 없는 양육 태도가 아이를 훨씬 더 위축되게 만든다는 것이다.

남을 배려하고 잘 어울리며 책임감과 자존감이 높은 사회성 좋은 아이로 성장시키는 키워드는 올바른 훈육에 있다. 그리고 이는 결국 '아이를 가르치고 기르는 엄마의 말'이 얼마나 중요한지로 수렴된다.

재접근기

어느 날 다시 껍딱지가 된 아이

예민한 구석이 있지만 아이는 건강하게 잘 자라주었고 발달도 빠른 편이었다. 힘은 왜 그리 좋은지 200일에 잡고 일어서더니 300일엔 걸음마를 시작했다. 만 9개월에 한두 발을 뗀 뒤로 아이는 나날이 집 안 구석구석을 누비며 탐험을 즐겼다. 혼자 할 수 있는 것이 많아졌으니 얼마나 신이 날까. 서랍을 열어 손에 잡히는 것들을 다 끄집어내는 모습을 보고 있자니 뒤통수마저 웃고 있는 것 같았다.

그런데 하룻밤 사이에 아이가 달라졌다고 느껴진 날이 있었다. 원래도 밤에 잘 때는 태어나기 전으로 돌아간 듯 밤새 아기띠에 매달려 자곤 했지만, 해가 떠 있는 동안 집에서만큼은 구석구석 모터 달린 듯 잠시도 가만있지 않던 행동과 녀석이 3초에 한 번씩 엄마를 찾기 시작했다. 정확히 만 14개월 0일이 된 날이었다.

아픈 곳도 없는데 "엄마~ 엄마~" 외치며 내 꽁무니만 졸졸 따라다니는 통에 얼마 안 되는 설거지도 다 끝내지 못한 채 주저앉아 아이를 안아주고 눈을 맞춰야 했다. 어찌나 엄마를 불러대는지, 샤워는커녕 머리도 겨우 감고 수건으로 돌돌 말아 올린 채 뛰어나오는 삶이 다시 시작된 것이다. '말로만 듣던 재접근기? 설마 벌써?'

재접근기란 1차적으로 정신적인 독립을 경험한 아이가 완전한 독립을 이루기 전에 엄마로부터 안정감과 소속감을 다시 확인하면서 충분한 정신적 에너지를 공급받으려는 시기를 가리키며, 보통 16~24개월 무렵으로 본다. 어차피 아이의 발달 속도는 컴퓨터처럼 정확히 들어맞지 않는다. 걸음마도 빨랐겠다, 두 달 정도 앞당겨진 것일 수도 있겠다 생각하니 아이의 칭얼거림이 버겁기보다는 안쓰러웠다.

기고 서고 걷고 운동능력이 좋아지면서 의기양양하게 세상에 나갔지만, 막상 나가보니 호락호락하지 않은 세상에 두려운 마음이 들어서 엄마에게 다시 붙어 있으려고 매달리는 아이. 너무 귀엽고 짠하지 않은가. 아이의 하루는 어른의 하루보다 훨씬 빠른 속도로 업그레이드된다고 하더니, 독립하고 싶은데 한편으로는 그러고 싶지 않은 마음이 저 작은 머릿속에서 싸우고 있다고 생각하면 엄마 좀 그만 찾으라고 짜증낼 수는 없는 일이었다. '아이도 안 찾고 싶으면 안 찾겠지. 오죽하면 설거지하는 엄마 다리에 매달릴까.'

이때 엄마가 따뜻하게 반응해주지 않으면 분리불안으로 이어지거나 안정적인 애착관계를 형성하기 어려울 수 있다고 했다. 어차피 재접근기든 아니든 품에 안긴 채 자는 아이라 기본적인 에너지 소모가 많은 건 어쩔 수 없는 일. 그래서 해봐야 아무 소용없는 "얘가 왜 이래?" "엄마 바쁘잖아. 안 보여?" "왜 안 하던 짓을 하고 그래?" 등의 말은 꿀꺽 삼켰다. 안 되는 것에 대한 훈육은 일관되게 차분히 이어나갔고, 스킨십과 애정 표현은 할 수 있는 한 많이 하려 노력했다.

때로는 아이 마음을 알고 있어도 집안일이 산처럼 쌓여 있거나 시간적, 신체적, 정신적 여유가 없으면 그 마음이 버거웠다. 단순히 한 번 안아준다고 끝나는 게 아니라 아이의 변덕이 더해지니 내 감정도 같이 휘말릴 것 같았다. 그럴 때면 '옆집 아이가 놀러 온 거다' 생각하며 바라봤다. 정말 그랬다. 적어도 나보다 아이가 더 혼란스러운 상태라는 걸 잊지 않은 덕분에 화가 나거나 욱하는 일 없이 버텨낼 수 있었다. 그렇게 '열여덟 소리' 나온다는 공포의 18개월은 비교적 평온하게 지나갔다.

3년은 엄마가 키우라고요?

아이는 불안하지 않게,
엄마는 미안하지 않게 원칙 세우기

나는 출산 직전에 일을 그만둔 전업맘이라 비교적 여유가 있었지만, 육아휴직 중인 지인들은 복직을 앞두고 다급하게 어린이집을 알아보느라 정신없었다. 전업맘인 나 또한 아이를 낳고 가장 먼저 한 일이 출생신고와 어린이집 대기였다. 복직 날짜를 받아둔 게 아니라 조급함은 덜했지만, 동네에 어린이집이 워낙 적다 보니 자녀 한 명에 외벌이 조건으로는 아이가 초등학교에 입학한 뒤에야 어린이집 순번이 돌아온다는 우스갯소리가 있을 정도여서 일단 신청을 해야 했다.

안타까운 건 기관을 알아보는 것만으로도 많은 엄마들이 '죄책감'에 사로잡히더라는 것이었다. 그중 제일은 산후우울증이나 육아 스트레스로 정신건강이 위태로운 상황인데도 36개월까지는 어떻게든 집에서 돌보겠다는 엄마들을 볼 때였다. 아이에게 매일 수십 번씩 짜증 내고 후회하면서도, 엄마가 끼고 있는 게 낫지 기관에 보내는 건 차마 못 할 짓이라고 여기고 있었다. 솔직히 보내고는 싶은데 나쁜 엄마가 되는 것 같아 주저된다는 말도 들었다. 정말 궁금했다. '세 돌 전에 기관에 보내는 건 정말 나쁜 걸까? 이렇게나 힘들어하는 사람이 많은데?'

연세대 신의진 교수는 "엄마와 아이 사이의 애착 시스템이 완성되는 기간이 약 3년이므로 이왕이면 세 돌 이후에 기관에 보내는 것이 안전하다"라고 말했다. 그 전에 보낸다고 문제가 되지는 않지만 예민한 기질의 아이는 적응이 어려울 수 있고, 혹시 기관에서 문제가 생겼을 때 아이가 집에 와서 말로 전달할 수 있으면 빠른 대처가 가능하므로 세 돌 이후에 기관에 보낼 것을 권장한 것이었다.

두뇌 발달 측면에서도 영유아 시기에는 호기심에 따라 자유롭게 스스로 탐색하는 과정을 충분히 즐기는 것이 가장 좋은데, 기관에서는 자율성과 개별성이 어느 정도 통제될 수밖에 없으므로 세상을 배우는 즐거움이 자칫 제한되지는 않을까 하는 우려도 담겨 있었다. 그렇다면 나는 '언제'보다는 '상황'에 맞춰 기관에 보내는 걸 결정하는 게 맞겠다고 판단하고, 세 돌까지는 안정적인 애착관계에 집중하기로 했다.

그러다 만 16개월 때 작은 민간 어린이집에서 연락이 왔다. 갑작스러운 연락이라 잠시 망설였지만 일단 아이와 함께 방문해 반응을 살폈다. 엄마가 있으니 윤호는 내 집인 양 편안하게 놀잇감을 꺼내 신나게 탐색하기 시작했다. 시설은 낡았지만 선생님들 모두 몇 년째 계신다는 점이 마음에 들었고, 두 돌도 안 된 아이에겐 넓은 놀이터나 강당보다는 친숙한 분위기가 훨씬 안정적일 것 같아 입소를 결정했다. 게다가 당시 살던 집 코앞이 재건축 지역으로 건물 철거가 진행 중이어서 가정보육만 고집할 상황도 아니었다.

문제는 그때까지 아이와 내가 단 하루도 떨어져 본 적이 없었다는 것. 하루는커녕 병원 진료를 받거나 급한 볼일이 있을 때 아이가 좋아하는 할머니나 고모의 도움을 받아 한두 시간 외출한 게 최대였다. 자치구에서 운영하는 육아종합지원센터에 들어가면 원하는 날짜, 원하는 시간에 아이를 잠시 맡길 수 있는 보육시스템이 있어 몇 번 검색해봤는데, 워낙 예민한 기질인 데다 낯선 곳에서 엄마와 떨어지면 불안이 오래갈 것 같아 이용을 포기했다. 안 그래도 두 돌 전 아이에게는 낯선 장소에 잠깐 맡기는 일시 보육이 심리적으로 큰 불안을 줄 수도 있다는 이야기를 들은 터였다.

아이의 기질을 아는지라 기관 적응에 신경을 많이 썼다. 다만 아이에게 티 나지 않게 여유 있는 척하며 속으로 백조처럼 열심히 헤엄을 쳤다. 무엇보다 중요한 원칙은 아이와 함께 결정하는 것. 선생님은 아이가 울지 않고 놀기 시작한 것 같으니 조용히 나갔다가 돌아오라고 했지만 나는 정중하게 거절했다. "아이랑 이야기하고 나갈게요."

아이 모르게 사라지는 건 더 큰 배신감을 준다고 들어서 어디서든 자리를 비울 땐 꼭 미리 말을 해왔는데, 여기서 우물쭈물 떠밀려 나가면 후회할 게 뻔했다. 아이가 동의할 때까지 눈 맞추고 반복해서 이야기했고, 마음의 준비가 되자 아이도 인사를 해주었다. 며칠 우는 시기도 있었지만 밝은 얼굴로 인사한 뒤 미련 없이 돌아서고, 하원할 땐 미리 약속했던 작은 선물을 준비해 갔다. 가족사진과 평소 좋아하는 아이템 몇 가지를 가방에 챙겨 보낸 것도 적응에 도움이 되었다.

잠시나마 혼자의 시간이 주어지니 청소를 해도 속도가 다르고 나의 에너지도 채워졌다. 기관에 보내는 것 자체는 죄가 아니다. 더 많이 안아주고 더 많이 웃어주며, 이후 시간을 더 알차게 보내는 것이 아이와 엄마 서로에게 훨씬 나을 수 있다. 반대로 다섯 살이든 여섯 살이든 아이가 기관 생활에 스트레스를 많이 받는다면 그 역시 주변에서 모두 보내라고 해도 무조건 따를 필요는 없는 것 아닐까. 윤호도 어린이집에 일찍 발을 들였지만 1년 내내 오전반이었고 네 살엔 가정보육을 했으며, 다섯 살에도 유치원에 입학은 했지만 등원한 날보다 가정보육을 한 날이 더 많다. 코로나19와 관계없이 모든 건 아이와 대화를 통해 결정했고, 그 결정에 조금도 불안해하거나 후회하지 않았다.

AI 시대에도 끄떡없는 아이로 키우는 '정서적 금수저' 프로젝트

4차 산업혁명 시대 갖춰야 할 4가지 능력

1. **상황 맥락 지능** : 새로운 동향을 예측하고 단편적 사실에서 결과를 도출해내는 능력

2. **정서 지능** : 생각과 감정을 정리하고 자기 자신 및 타인과 관계 맺는 능력

3. **영감 지능** : 공동의 이익을 위해 목적과 의미를 끊임없이 탐구하는 능력

4. **신체 지능** : 개인의 건강과 행복을 가꾸고 함양하는 능력

미래학자들이 발표한 4차 산업혁명 시대에 갖춰야 할 인간의 경쟁력에 외국어 능력이나 수학적 사고력은 없었다. 오히려 기계가 가질 수 없는 '인간다움' 자체가 경쟁력이다. 미래로 갈 것도 없이 지금도 인간다운 정서는 중요한 것 같다. 아동발달 전문가들의 이야기를 들어봐도 언제나 '안정된 정서'가 기본이었다. 공감능력, 감정조절 등 자기조절력, 회복탄력성이 좋은 아이는 나중에 공부도 더 잘한다는 것.

문제는 생후 48개월까지가 두뇌 발달의 70%가 이루어지는 매우 중요한 시기인데, 많은 부모들이 두뇌 발달을 '공부'로만 여기고 어린 아기들에게 한글, 영어, 숫자를 조금이라도 일찍 가르치려 한다는 것이다.

돌쟁이에게 글자를 주입하는 행위는 새로운 형태의 정서적 학대일 수 있다고 경고하는 학자도 있다. 부모에게 사랑받는 것이 곧 생존이라 여기는 아기들은 부모가 좋아한다면 궁여지책으로 수없는 반복을 통해 기억하려 애를 쓰지만, 그것을 하느라 그 월령에 진짜 필요한 다른 자극을 받아들이지 못하고 놓칠 수도 있다는 것이다. 만 3세까지 아이가 반드시 길러야 하는 항목은 글자나 숫자가 아니라 감정을 조절하고 충동을 억제하기, 타인에 대해 공감하기, 자존감 등이며 이러한 삶의 태도는 엄마로부터 보고 듣고 배운다고 했다.

막둥이 동생과 친정엄마 사이에 많은 다툼이 있던 과거에도, 불통의 원인을 깊이 찾아 들어가 보면 곁에서 채워주지 못하는 엄마의 미안함과 불안이 뒤엉켜 다르게 표현되는 바람에 나타난 부작용이었다. 의도가 선하다고 해서, 설령 그것이 칭찬이나 격려일지라도 아이에게 마냥 옳은 것이 아닐 수 있다는 걸 언제나 명심 또 명심했다.

내가 육아 공부를 놓지 않는 것은 아이를 국제학교에 보내기 위해서도, 명문대에 보내기 위해서도 아니다. 키우기 수월한 아이는 아니지만 아이는 지금도 자라고 있고, 이 시간은 지나갈 것이다. 엄마가 조급해한다고 아이가 순해지거나 갑자기 빨리 자라는 것도 아닐뿐더러, 오히려 엄마의 조급함은 아이의 '불안'이 되어 '불만'으로 돌아올지 모른다. 다만 기나긴 육아 레이스에서 지치지 않으려면 마음의 여유가 필요하고, 근거가 확실해야 불안하지 않을 터이므로 오늘도 공부하는 것이다.

공부를 통해 육아관을 정립하기 전까지는 육아가 마치 실기 과목 같았다. 감춰둔 나의 밑바닥을 마구잡이로 파헤쳐 드러나게 해놓고는, 이를 얼마나 빠르게 덮고 정돈된 마음으로 아이를 마주하는지 시험하는 것 같기도 했다. 매 순간이 치열한 싸움의 연속이고 외로움도 상당했다. 그러다 시간이 갈수록 나의 양육태도와 아이의 성장에 점차 많은 이들이 지지와 응원을 보내주었다. '꼭 그렇게까지 해야 하냐'고 묻던 사람들이 '나도 그렇게 할걸 그랬다'고 태도를 바꿀 땐 묘한 쾌감마저 들었다.

이제는 삐까번쩍한 놀이학교나 유치원 광고를 보아도, 옆집 아이가 한글을 빨리 떼고 영어를 이만큼 말할 줄 안다고 해도 마음이 크게 동하지 않는다. 영어유치원에 안 다니면 레벨 테스트조차 볼 수 없다고 으름장을 놓지만 뭐 어떤가. 나는 입시정보, 학군정보보다 아이 마음 읽기가 먼 훗날까지 효과를 발휘할 가성비 최고의 학습법이라 생각한다. 학령기가 되면 윤호 역시 경쟁에 뛰어들게 되겠지만, 몇 등을 하느냐보다는 경쟁이라는 파도를 즐길 줄 아는 아이가 됐으면 하는 바람이다.

나아가 남편과 나는 아이가 정말 원하는 것이 있고 계획이 분명하다면, 어느 날 학교를 그만 다니겠다 하더라도 기쁘게 응원해주기로 뜻을 모았다. '자율성을 존중받으며 자기조절력을 기른 아이는 나중에 사교육비가 적게 든다'는 말처럼, 배움에 대한 즐거움과 실패해도 다시 일어날 수 있는 회복탄력성만 있다면 무엇이든 해낼 거라 믿기 때문이다.

AI가 대체할 수 없는 몸과 마음이 건강하고 지혜로운 아이가 되길 바라며, 인생에서 가장 중요한 기초공사가 이루어지는 영유아기에 나는 모든 지식과 경험을 끌어모아 내가 줄 수 있는 가장 좋은 것을 물려주기로 했다. 휘황찬란하진 않아도 그 어떤 금수저보다 단단하고 오래 빛날 수 있는 '정서적 금수저'를. 무엇보다 아이를 위한다는 핑계로 엄마 욕심을 채우는 선택은 하지 않겠노라는 다짐과 함께.

2장

정서적 금수저 프로젝트 1 : 아이 마음 다치지 않는 '공감'의 기술

똑같이 던졌을 뿐인데 엄마 표정이 달라요

진지하게, 상냥하게, 간결하게

육아에 대한 지식으로 무장하는 것과 아이 마음을 제대로 읽는 것은 조금 다른 영역인 것 같다. 특히 아이가 말 대신 울음으로만 불편을 표현하는 시기에는 하도 답답해서 내가 뒤집고 기어 다니던 아깃적 기억이 남아 있었으면 좋겠다고 생각하기도 했다. 그러면 아이 마음을 좀 더 빨리 이해할 수 있지 않을까 하고. 그게 불가능하니 최대한 아기의 상황으로 들어가 보는 수밖에 없었다.

생후 6개월 즈음, 보행기를 타고 있던 아이가 손에 쥐고 놀던 딸랑이를 던졌다.

"우와~ 찰찰 소리가 나네!" 딸랑이쯤이야 충분히 던질 수 있지.

하루는 보행기에 탄 채 이유식을 받아먹다가 손에 쥔 숟가락을 휙 던졌다.

"어허, 그건 숟가락이지. 던지면 안 돼요."

순간 머리에 퍼뜩 지나가는 생각이 있었다.

'아이는 그저 손에 있던 걸 똑같이 던졌을 뿐인데?'

손에 쥔 물건이 가벼운지 무거운지, 잘 깨지는지 아닌지 아이가 알 턱이 없다. 그저 손에 잡힌 걸 떨어뜨리며 나름의 놀이를 하는 것일 테다. 이때 "안 돼요"라고 주의를 준다고 해서 다음에 숟가락은 얌전히 놔두고 다른 걸 던지는 아기가 있을까? 그럴 리도 없는데 인상을 찌푸려봐야 엄마의 표정을 귀신같이 스캔하는 아기 머릿속에는 인상 쓴 엄마와 두려운 느낌만 남지 않을까.

그날 아이에게 말랑말랑한 작은 공 몇 개를 보여주며, 이 작은 공만 던져도 된다고 말했다.

"자, 이 공은 던져도 괜찮아. 다른 건 던지면? 안 돼요."

그동안 수많은 책과 유튜브에서 배운 대로 무서운 얼굴이 아닌 친절한 표정과 말투로 여러 번 시범을 보여주었다. 공은 던져도 되는 것, 그 외 다른 건 휴지 한 칸도 던지면 안 된다고. 아기가 헷갈리지 않도록 공 외에는 어떤 것도 던지면 안 된다고 선을 명확히 그어주었다. 그리고 공을 던졌을 땐 "우와, 공이 데굴데굴 굴러가지! 잘했어. 그렇게 공만 던지는 거야"라고 열렬히 호응해주었다.

신기하게도, 혼자 힘으로는 겨우 자리에 앉아 버티는 게 전부인 자그마한 아기가 엄마의 말에 귀를 기울여주었다. 어쩌면 혼자 할 수 있는 게 별로 없기에 더욱 엄마 말에 귀를 기울이는 건지도 모른다. 윤호는 그 뒤로 실수로 떨어뜨리는 것 외에 일부러 물건 던지는 모습은 거의 보인 적이 없다.

물론 설명을 들은 후에도 얼마든지 물건을 던질 수 있다. 그때 "엄마가 저번에 던지지 말라고 했어, 안 했어!"가 아니라 "자, 이 공만 던져도 되는 거야. 다른 건 안 돼"라고 처음과 똑같이 말해주면 된다. 한 번에 알아듣는 아기는 원래 없다. 백 번, 천 번, 만 번이라도 똑같이 말해주는 것이 올바른 훈육이라면, 그렇게 실천하면 되는 것이다. 더 나은 훈육법이 있다는 반론은 천 번, 만 번 실천해본 자만이 할 수 있을 테니까.

'아무리 아기여도 그 정도는 알지 않겠어? 설마 이 정도는 알겠지' 따위의 전제는 머릿속에서 아예 지워버렸다. 외계에서 온 귀여운 생명체에게 0부터 하나하나 즐겁게 알려주면 소통의 즐거움이 마음에 스며들 거라고 믿었다. 그렇지 않고 아무것도 모르는 아이에게 버럭 화를 내며 "어디 숟가락을 던져? 엉덩이 때찌한다!"고 외쳤다면 아이의 두려움과 황당지수만 1점 올라갈 것이다.

친구들에게 자꾸 윽박지르는 아이에게 소리 좀 그만 지르라고 빽- 더 큰소리를 지르는 엄마처럼, 과격한 행동을 끊어주려고 아이에게 맴매한다고 으름장을 놓는다면 폭력으로 폭력을 다스리는 것과 다를 바 없지 않은가. 심지어 실제로 맴매를 한다면? 가벼운 엉덩이 맴매는 폭력이 아니라고 누가 말할 수 있을까. 잘 모르고 한 행동에 대해 제대로 가르쳐주지도 않고 혼내기부터 한다면 아이는 마음속에 형체 모를 분노를 계속 쌓아가다가 힘이 생겼을 때, 스스로 무엇이든 할 수 있게 되었을 때, 엄마 말과 반대인 쪽으로 있는 힘을 다해 튀어 나갈지 모른다.

돌 이전 윤호의 눈을 보며 안 된다고 분명하게 짚어준 건 '공 이외의 물건을 던지는 것'과 '얼굴을 때리는 것' 두 가지였다. 웃음기는 빼고 말투는 상냥하게, 핵심만 간결하게. 그래야 아이가 기억하므로 때마다 반복해서 짧게 말해주었다. 아이들은 한계가 어디까지인지 알기 위해 엄마를 도발하는 미션을 끊임없이 수행한다고 한다. 물건 던지는 버릇과 때리는 버릇이 들기 전에 명확하게 한계선을 그어주었더니 자아가 강해지고 고집이 생긴 뒤에도 아이는 두 가지에 대해서는 결코 선을 넘지 않았다. 아기도 '안 되는 것'을 배울 수 있다. 진지하게, 상냥하게, 간결하게 알려준다면.

재밌는데 갑자기 그만하래요

아쉬운 마음을 읽어주는 '두 번만 더'

키즈카페나 공공장소에서 퇴장시간이 가까워지면 아이들이 하나둘 울기 시작한다. 엉엉 울기도 하고 아예 드러누워 바닥 청소도 하고 소리도 질러보고, 각자의 방식으로 최선을 다해 버티기에 돌입한다. 엉엉 울면 부모가 어쩔 수 없이 넘어온다는 걸 경험으로 이미 알고 있는 아이도 있다. 그만큼 아기들은 작지만 영리하다. 어떤 엄마는 계속 울면 놓고 간다고 으름장을 놓고, 어떤 엄마는 아이를 번쩍 안아서 사람 많은 장소를 일단 벗어나고, 어떤 엄마는 화를 내며 잡아끌고, 어떤 엄마는 그 모습이 어이없지만 귀엽다며 사진을 찍는 등 장난스럽게 대하기도 한다.

돌쟁이 시절 윤호는 샴푸, 로션 통을 손바닥으로 눌러 펌핑하기를 좋아했다. 그래서 목욕할 때면 용기에 물감을 섞어 색깔물을 뿌리거나 거품을 가득 내며 놀이하곤 했는데, 한번 시작하면 두 시간은 기본이고 샴푸나 로션 통이 바닥나서 더 눌러도 나오지 않는다는 걸 직접 눈으로 확인해야 그날의 놀이가 끝이 났다. 자아도 생기고 직립보행도 시작했겠다, 아기 때부터 연마해온 각종 몸짓과 옹알이를 총동원해 원하는 걸 요청하는가 하면 싫은 건 저항도 하니 제법 사람 같다 싶어서 귀여웠지만, 그렇다고 날마다 로션 한 통씩 버리도록 허용해줄 수는 없었다.

누군가 훈육에 대해 물을 때면 나는 언제나 아이의 변화가 느껴지는 '처음'의 순간을 놓치지 않고 제대로 된 훈육을 시작해야 이후가 수월하다고 말한다. 부드럽지만 단호하게 말로 가르치되 실시간으로 상황을 예고하기로 했다. 그래야 아이도 마음의 준비를 할 테니까.

고민 끝에 다음 날 아이에게 '두 번만 더' 규칙을 제안했다.

"우리 이제 딱 두 번만 더 하고 끝낼 거야. 알겠지?"

한 번, 두 번을 언급하면 횟수를 들으면서 마음의 준비도 할 수 있고 절제하는 법도 배울 수 있으리라. 한창 흥이 올라 신나게 놀이 중인데 갑자기 엄마가 "자, 이제 마지막이야. 끝!"이라고 해버린다면 나 같아도 아쉬울 것 같아 한 번 더 추가해 두 번으로 정했다.

두 번 하고 난 뒤에는 "우리 두 번 했으니까 더는 안 되는 거야"라고 친절한 말투를 유지하되 웃음기 없이 단호하게 말했다. 처음 시도할 때는 더 하겠다고 울며 버텼지만, 규칙을 만드는 '시작'은 언제나 중요하므로 물러서지 않았다. 울 거라고 예상했고 우는 게 당연했다. 아쉽다고 표현하는 것일 테니 조금 기다려주면 된다. 운다고 당황하지 않고 똑같은 톤으로 눈을 마주보고 한 번 더 이야기해주었다.

"맞아, 너무 재밌는데 그만하자고 해서 아쉽지. 그래도 '끝' 한 다음 오늘 코 자고 내일 목욕할 때 다시 재밌게 하자. 알겠지?"

아이는 놀랍게도 울음을 뚝 그치며 고개를 끄덕였다. 모를 것 같아도 아이는 정말 다 이해하고 있었다. 금세 잊어버릴지라도.

키즈카페나 박물관에 갔을 때도 아이가 마무리를 어려워할 것 같으면 퇴장 10분 전에 미리 말해두면 된다. 단, 아이는 엄마가 영혼 없이 말하면 기가 막히게 알아채는 능력이 있으니 진정성 있게 "우리 이제 밥도 먹어야 하니까 제일 재미있던 거 두 개만 딱 하고 정리하자!"라고.

만약 아이가 너무 신이 나서 두 가지로도 마무리될 것 같지 않다면 정리시간을 더 여유 있게 잡고 30분 전에 말해두면 된다. 그러면 설령 두 가지 이상을 하게 되더라도 웃으며 이해해주는 후한 엄마가 될 수 있다. "엄마가 봐도 너무 재밌어 보이더라. 아쉬울 텐데 쪼끔만 더 놀고 한 개만 더 하고(혹은 몇 시까지 하고) 정리해줘"라고 하면 우아하게 아이에게 점수 딸 수 있다. 아이도 약속했던 가짓수를 넘긴 것에 대해 이미 약간의 미안함과 조바심이 있을 것이다. 안 그래도 미안해하고 있는데 빨리 가자고 다그치는 엄마가 아니라 더 놀고 싶은 마음을 알아주는 엄마라니, 아이 마음이 열리는 건 당연하다. 아마 아이는 다음번에 다른 곳에 가면 엄마와의 마감 약속을 웃으며 지켜줄 것이다. 어차피 똑같이 주어진 시간 안에 아이와 '신나게' 논 뒤에 '즐겁게' 나오는 것이 목표니까. 실컷 잘 놀다가 목놓아 우는 아이를 끌고 나오는 것만큼 진 빠지는 일은 없으니까.

그날 밤 자기 전에 다시 한 번 규칙을 언급해주며 엄마의 메시지를 확실하게 각인시켰다.

"낮에 키즈카페에서 아쉬웠을 텐데 정말 두 번만 놀고 정리해줘서 고마웠어. 약속 지켜줘서 고마워."

아이가 약속 지키는 모습을 보이면 그것이 아주 작은 노력이라도 반드시 언급해주었다. 눈에 띄는 변화가 아니더라도 그랬다. 예컨대 코로나 이후, 평소 손으로 집어 먹던 간식에 무심코 손을 뻗었다가 허공에서 멈추고 포크를 찾거나 손을 씻으러 갔다 오면 놓치지 않고 칭찬해주었다. "엄마 말 기억했다가 해준 거구나. 고마워라."

아이는 엄마가 알아주면 으쓱해진다. 의지를 갖고 행동했다는 걸 엄마가 알아채 주면 다음에는 더욱더 '약속 지켜줄 맛'이 날 것이다.

또, 또, 또 나중에 해준대요

약속을 어긴 적이 있는지 돌아보기

늦은 밤 인스타그램에서 오랫동안 조용히 지켜봤다는 한 아이 엄마의 메시지를 받았다. 아이가 너무 울고 떼를 쓰니 이제 아이가 미워진다고. 말할 곳도 없고 엄마로서 아이가 미워지는 마음이 드니 그 자체가 견디기 어려워 답답한 마음에 보냈다는 장문의 글이었다.

그렇다. 네 살 아이의 자지러지는 울음과 떼부림 한 번은 이성으로 견딜 수 있다. 얼핏 기억나는 오은영 박사의 모범답안을 떠올려볼 수도 있다. 그런데 막상 실제로 문제상황이 닥치면 한두 번 보고 들은 지침을 떠올리기 쉽지 않다. 우물쭈물하다가 떼쓰는 상황이 길어지면 결국 성질대로, 하던 대로 그냥 질러버리고 만다.

나는 전공자가 아니어서 이론서보다는 방송이나 각종 영상자료 위주로 육아를 공부했다. 사람들은, 특히 아이들은 말보다 몸짓, 표정 등 비언어적 표현에 진심을 훨씬 많이 담는데 그걸 파악하려면 이론서보다는 실습처럼 동영상을 보는 게 한결 빨랐다. 영상을 보다 궁금한 게 생기면 이론을 검색하고 각종 강의를 들으며 15년 넘게 습관처럼 아이들을 관찰했다. 부모가 옆에 있으면 부모의 행동도 같이 관찰했다.

그렇게 관심을 갖고 지켜봤음에도 수많은 찰나의 순간들이 누적된 뒤에야 상황별 대응법이 머릿속에 떠오르기 시작했다. 그러고도 예민한 아이가 태어나니 또다시 새로운 문제들을 풀어나가야 했다. 어린이집, 유치원 선생님들도 겪어보지 못한 드문 유형, 예외적 상황 앞에서는 공부를 아무리 해도 똑같이 당황할 수밖에 없다.

그러니 유튜브로 이것저것 찾아보고 육아서를 공부해도 실전에서는 어차피 안 된다고, 나는 글렀다고, 나쁜 엄마라고 좌절할 필요 없다. 원래 그런 게 당연한 것 아닌가.

다만, 부모가 육아라는 주제를 풀어가는 게 서툴고 어렵듯 아이도 세상 모든 것이 낯설고 어렵고 어설플 수밖에 없다고, 그게 당연하다고 인정해주면 좋겠다. 먹고 자고 싸는 게 뭐가 힘드냐며 아이의 고충은 무시한 채 나만 고차원의 문제를 푼다는 생각에서 벗어나 보면 어떨까? 아마 나만 고생한다는 억울함(?)도 약간은 가실 것이다. 엄마도 육아가 처음이고 아기도 세상이 처음이라면, 아무런 지식도 경험도 없는 아이가 어쩌면 더 무섭고 더 외로운지도 모른다.

이야기로 돌아가, 그 아이 엄마는 네 살 아이의 성난 울음을 하루에도 수십 번씩 견뎌내는 중이었다. 마트 장난감 코너에서 가던 길을 멈추고 강도 높게 떼를 쓰기 시작하면 아무리 어르고 달래도, 별짓을 다 해도 소용이 없다고 했다. 매번 장난감을 사줄 수도 없는 노릇인데 엄마로선 하루에 한 번으로 끝나는 울음도 아니고, 그날도 이미 여러 번 겪은 떼부림이니 얼마나 진이 빠졌을까. 아이와 긴 대치를 끝내면 몸도 마음도 너덜너덜 털리는 게 어떤 건지 알고 있으니 힘듦이 고스란히 전해졌다.

"혹시⋯ 나중에 뭐 해주겠다는 약속을 하고 지키지 않은 적이 있었을까요? 아주 사소한 거라도."

"네. 솔직히 그런 적은 많았어요. 그게 큰 문제가 되나요?"

아이의 입장이 되어본다. 나중에 사준대서 기다렸는데 나중이 안 오고, 장난감은 못 사주지만 집에 가서 다른 놀이를 하자고 해놓고 하지 않고, 다음에 어디 어디 꼭 가자고 했는데 안 가고. 이런 경험이 쌓이면 아이는 엄마가 어떤 말을 해도 듣고 싶지 않을 것이다.

'또 나중이라고? 앞으로는 울고불고 던지고 소리를 쳐서라도 갖고 싶은 거, 하고 싶은 게 눈앞에 있을 때 바로 얻어내야지.' 이렇게 생각하지 않을지.

한동안 구슬아이스크림에 푹 빠진 윤호는 하루에 많으면 세 개씩 먹기도 했다.

"엄마, 아이스크림 먹고 싶어요."

"지금 밥 차리니까 다 먹고 나서 먹자. 꼭 줄게."

아이는 열심히 밥을 먹었다. 밥을 다 먹을 즈음, 좋아하는 고모가 집에 잠깐 들르자 아이는 고모와 신나게 놀았다. 아이스크림은 이미 기억에서 잊힌 듯 보였다.

'몸에 좋은 것도 아니고 낮에도 먹었는데, 챙겨줘, 말아?'

잠깐 이런 생각이 들었지만 내 손은 이미 아이스크림을 꺼내고 있었다.

"아들, 아이스크림! 아까 약속했으니까 엄마가 지키는 거야."

기다리면 받을 수 있다는 경험, 엄마가 나랑 한 약속은 잊어버리지 않는다는 걸 배울 수 있는 절호의 찬스인데 그냥 흘려보낼 수 없었다. 기회로 삼아야 했다.

지나가는 말로라도 나중에 뭐 해주겠다고 했다면, 그 말을 반드시 지켜야 한다. 약속한 상황이 여의치 않다면 아이가 기억하지 못하는 것처럼 보여도 먼저 언급하고 사과해주어야 엄마의 권위를 지킬 수 있다. 아니, 그렇게 할수록 권위를 지킬 수 있다. 평소 신뢰가 두텁다면 아이들도 솔직하게 고백하는 엄마를 의외로 너그럽게 이해해준다.

하루는 놀이터에서 더 놀고 싶어 하는 아이에게 아쉬우니 집에 가서 클레이로 만들기 놀이를 하자고 약속했다. 그런데 클레이가 다 굳어버린 걸 집에 가서 알았고 너무 늦은 시간이라 새로 살 수도 없었다. 아이에게 몰랐다고 사과하고, 보는 앞에서 주문하고는 몇 밤 자면 도착한다는 택배 배송조회 화면을 보여주니 다른 택배 그림도 보여달라며 클레이가 아닌 새로운 놀이를 시작했다. 어찌나 안도가 되던지. 물론 아이의 감정을 꼭 언급해주는 걸 잊지 않았다.

"클레이 하고 싶었을 텐데 갑자기 못하게 돼서 미안해. 다음엔 엄마가 미리 확인해볼게. 이해해줘서 고마워."

아이와의 약속을 가볍게 여기지 않는 것만큼 중요한 건 '일관성'이다. 예를 들어 아이에게 밥을 편하게 먹이기 위한 궁여지책으로 짧게는 몇 달에서 길면 몇 년간 식사시간에 동영상을 보여주는 집이 많다. 그러다 일정 나이가 되면 도저히 안 되겠다 싶어 식탁에서 동영상을 치우는데, 이때 많은 아이가 상당히 거세게 반발하거나 다시 식사시간을 전쟁터로 만들어버린다. 여기서 버텨내면 다행이지만 많은 엄마가 아이에게 '지고' 다시 동영상을 내주는 우를 범한다.

문제는 식탁 위의 주도권뿐 아니라 일상의 모든 소통방식이 그럴 수 있다는 점이다.

나 역시도 외출 준비를 할 때나 집안일이 밀렸을 때 윤호에게 식사 중 동영상을 켜준 적이 있었지만, 다섯 살이 되면서 딱 끊었다. 아이에겐 솔직하게 말해주었다.

"동영상을 보는 뇌가 숟가락질하고 맛을 느끼는 뇌보다 훨씬 커서 동영상을 보면 자꾸 음식도 흘리게 되고 맛도 제대로 모른대. 그동안은 윤호가 좋아하면 밥 먹으면서 영상 보는 걸 종종 허락해줬는데 사실은 엄마가 잘못한 거야. 대신 밥 차릴 때 보는 건 이해해줄 테니까 먹을 땐 동영상 끄고 식사하기, 어때? 해줄 수 있겠어?"

"응, 당연하지. 그런데 저번에 엄마 아빠도 TV 보면서 밥 먹던데?"

"미안해. 엄마 아빠도 이 시간 이후로는 그러지 않을게."

TV 앞에서 식사한 게 딱 한 번이었는데 그걸 놓치지 않고 지적하는 아이가 치사하기도 했지만, 바른 말이니 인정했다. 그날 이후 세 식구 모두 식사할 때 TV나 동영상을 보지 않는다.

신뢰가 중요한 이유는 결정적인 순간에 엄마 말을 들을 수 있도록 하기 위함이다. 기본적으로 엄마에 대한 믿음이 없으면 하지 말라고 해도 해볼 것이고 위험하다 해도 듣지 않을 것이며, 아무리 안심하라고 해도 불안도를 낮출 수 없을 것이다. 병원에 가거나 위급상황이 발생했을 때도 아이의 행동을 제지할 수 없을 것이다. 당장은 엄마가 물리적인 힘으로 아이를 제압할 수 있지만 그게 몇 년이나 가능할지 생각해보면 남은 시간이 그리 많지 않을 수도 있다. 엄마의 시야에서 벗어나는 순간 '몰래' 하기 시작하면 아이와의 소통도 복잡하게 꼬이기 시작한다. 엄마의 권위는 망태 할아버지를 부르는 협박이나 사랑의 매가 아니라 '언행일치'와 '일관성'에서 나온다고 믿는다.

말 나온 김에, 망태 할아버지가 쫓아온다거나 도깨비가 등장하는 앱을 보여주는 등 아이에게 겁을 주는 방식으로 훈육하는 건 절대로, 절대로 하지 않았으면 좋겠다. 그건 훈육이 아니라 협박과 거짓을 시범까지 보이며 정성들여 가르치는 것과 다름없기 때문이다.

나는 무서운데 엄마는 무서운 게 아니래요

나의 격려, 아이에게 정말 격려일까?

워낙 잠귀 밝은 아기가 있으니 집안은 늘 고요했다. 전문가들은 낮에 생활소음 정도는 들려주어야 밤낮을 구분하는 데 좋다고 했지만, 24시간을 스타카토처럼 끊어 자는 마당에 밤낮 구분이 무슨 대수랴. '뚜둑' 관절 소리에도 화들짝 놀라 깨는 아이인지라 할 수 있는 건 하루 종일 아기띠로 안고 있는 것뿐이었다. 입 벌리고 깊이 잠들었길래 엉덩이 좀 붙일라치면 귀신같이 '으앵'거렸고, 밥도 당연히 서서 먹어야 했다.

두 시간만 푹 자주면 얼마나 좋을까. 잠이 간절하니 별수를 다 떠올려 보다가 백색소음이 엄마 배 속에서 듣던 소리랑 비슷하다던데,

혹시 우리 아이에게도 통할까 궁금해졌다. 백색소음이라면 입으로 쉬익- 쉬익- 소리 내본 게 전부였지만, 아이가 헤어드라이기 소리만 들으면 잘 잔다는 친구의 말에 온몸을 비틀며 끙끙대는 50일 아기를 거실에 잠시 내려놓고 욕실로 향했다. 아이 근처에서 켜면 놀랄까 봐 욕실에서 문밖으로 고개를 내밀고는 거실의 기색을 살피며 헤어드라이기 전원을 조심히 올렸다.

그러고는 3초도 안 되어 뛰쳐나와 아이를 안고 미안해, 미안해 얼마나 사과를 했는지 모른다.

"으아앙! 으앙! 으애앵! 으앵!"

목청은 커도 울음은 짧은 편이었는데 어찌나 겁에 질렸는지 평소보다 더 크고 길게 울었고, 나는 그날부터 문 꼭꼭 잠그고 몰래 숨어서 머리를 말려야 했다. 미련을 못 버려 백색소음만 모아둔 앱도 실행해봤지만, 백색소음 따위는 안 통하는 것으로 결론이 났다.

드라이기는 그렇다 치는데, 진짜 문제는 청소기였다. 청소기만 켜면 소스라치게 놀라 뒤집어져서 아무리 달래도 진정되지 않았다. 청소기가 꺼져야 아이의 공포도 비로소 사그라들었다. 가만히 숨만 쉬어도 먼지가 폴폴 앉는데 아기 키우는 집에서 청소를 안 할 수도 없고, 난감하기 짝이 없었다. 하지만 아이의 강한 울음에는 분명히 이유가 있다고 생각하고 우리는 당분간 청소기를 켜지 않기로 결단을 내렸다.

드라이기, 청소기, 바리깡, 변기, 터널, 지하주차장, 자동세차, 암막 커튼, 공기청정기, 그네, 회전목마, 트램펄린, 코인자동차, 야간 조명, 공룡, 동물, 조각상, 인형, 눈 달린 기타 모든 것들.

아이는 이 모든 것을 극도로 무서워했다. 심지어 방금 색종이로 사이좋게 만든 개구리에 눈알 스티커만 붙였을 뿐인데, 그때부터 갑자기 무섭다고 초긴장 모드로 바뀌곤 했다. 일찌감치 걸음마를 시작해 돌잔칫날 뛰어다닌 아이, 싱크대에 철봉처럼 매달리고 계단에서 뛰어내리길 두려워하지 않는 아이지만 마트에서 500원 동전 두 개 넣으면 까딱까딱 흔들거리는 코인자동차는 끝내 타본 적이 없다. 아니, 호기롭게 벨트까지 직접 채우고도 막상 움직이기 시작하면 15초를 못 버티고 양팔을 뻗어 구조를 요청했다. 다행히 만 48개월이 되자 아이는 놀이기구를 제외한 대부분의 무서움을 극복해냈다.

"괜찮아. 이게 뭐가 무서워. 봐봐, 안 무섭지? 하나도 안 무서운 거야."

처음엔 이렇게 말하는 게 공감인 줄 알았다. 그런데 어느 날, '괜찮아'라는 말로 상황을 종료하려는 태도가 아이를 심리적으로 더 위축시킨다는 글을 읽었다. 머리가 띵했다. '그렇지, 정말 그렇겠다. 나는 무서운데 엄마는 무서운 게 아니라고만 하니 엄마조차 내 감정을 받아주지 않는다고 여기겠구나.'

그 글은 공감에 대한 나의 태도를 완전히 바꿔주었다.

"맞아, 무서울 수 있어. 엄마랑 같이 이겨내 보자."

"엄마도 다섯 살 때는 그게 정말 무서웠거든. 그런데 지금 엄마 봐. 씩씩하지? 윤호가 무서운 건 이상한 게 아니야. 당연한 거야."

별것 아닌 것 같아도 아이의 마음을 인정해주는 말의 힘은 굉장했다. 아무렇지 않아 보이던 아이 눈에 갑자기 눈물이 그렁그렁 맺히기도 하고, 엄마도 진짜 그랬냐고 되묻기도 했다. 엄마의 응원 한마디 한마디를 마음에 꼭꼭 담아두려는 모습에 내 마음까지 찌릿해졌다.

새로운 곳에 체험을 가면 엄마와 분리되는 걸 싫어하는 아이들을 종종 본다. 처음엔 씩씩하게 들어갔다가 체험 도중에 갑자기 엄마가 보고 싶다며 그만하겠다는 아이도 있다.

엄마랑 밖에서 구경만 하겠다며 분리 자체를 거부한 아이, 문 앞에서 한참을 바라보다 체험이 끝날 때쯤에야 뒤늦게 들어간 아이, 처음엔 신나게 들어가 놓고 엄마 생각이 나서 못 하겠다고 나와버리는 아이가 바로 윤호였다.

"엄마는 여기 창문으로 보고 있을 거야. 그래도 무섭거나 하기 싫으면 안 해도 괜찮아."

안 해도 괜찮다고 말해주면 아이는 기특하게 제 발로 들어가는 도전을 해 보였다. 도중에 나왔을 땐 이후 프로그램을 설명해주며 선택하도록 했다. 선택했을 땐 군말 없이 아이의 결정에 따라주었다.

"엄마 지금껏 윤호가 ○○놀이하는 모습 봤어. 씩씩하게 잘하더라. 다음엔 □□놀이한다는데 그냥 가도 아쉽지 않겠어? 힘들면 여기서 그만해도 괜찮아. 그래도 저번보다 이만큼이나 혼자서 해낸 거야. 멋 졌어. 다음엔 조금 더 도전해보자." 솔직한 내 마음이기도 했다.

어느 곳이든 아이에게 미리 사진을 보여준 다음 아이도 동의한 곳들 위주로 방문했다. 아이가 동의한 곳이라 해서 변수가 없는 것은 아니었다. 아무리 본인이 원했다 한들, 막상 닥치면 서너 살 아이가 엄마 없이 낯선 사람들과 새로운 체험을 하는 게 즐겁지 않을 수 있으니까. 아이들은 상상력이 풍부하고 감각이 예민해서 경험하지 못한 것에 대한 두려움이 있다. 기질상 불안이 높은 아이는 공포심을 더 크게 느낀다. 안 그랬던 아이가 발달 과정에서 특정 대상에 대한 두려움을 느낄 때면, 하루아침에 손바닥 뒤집듯 변덕 부리는 것처럼 보여 더 당황스럽다.

이때 엄마들은 이리저리 달래보고, 그러다 안 되면 젤리 줄 테니 갔다 오라거나 마저 하고 나오면 장난감을 사주겠다는 식의 회유 섞인 제안을 하기도 한다. 엄마와 떨어지는 게 왜 두려운지 이유를 물어보는 경우는 솔직히 한 번도 보지 못했다. 대부분의 반응은 비슷했다.

"안 그러던 애가 오늘따라 왜 이래, 진짜?"

"대체 뭐가 무섭다는 건데. 왜 이렇게 겁이 많아?"

나 역시 이 말이 목구멍까지 차오를 때가 한두 번이 아니었지만, 의지를 최대로 끌어올려 목구멍 안으로 꼴깍 삼켰다.

두려움 인정하기와 병행한 것은 예고하기였다.
"이제 주차장 들어갈 거야."
"곧 터널 나온다."
"방지턱 지나갑니다."
아기 때는 한팔을 뒤로 뻗어 손을 잡아줘야만 안심하더니 1년쯤 지나니 아이가 이제 손 안 잡아도 괜찮다고 했다. 30개월 무렵이었다. 그리고 네 살이 지나기 전에 아이는 이제 엄마랑 있으면 주차장도 터널도 무섭지 않다며 으쓱한 표정을 지었다. 어찌 보면 가만히 있었어도 언젠가 시간이 해결해주었을지 모르지만, 그동안 우리는 공감과 인정 속에 마음을 찐하게 나눴고, 아이는 작은 도전을 숱하게 시도하고 이루어내며 성취감을 쌓을 수 있었다.

청소기 적응도 마찬가지였다. 청소기 장난감으로 놀이도 해보고, 탐색할 수 있도록 전기 코드를 뺀 채 청소기를 근처에 놔두기도 하고, 소리가 크지 않은 소형 청소기도 구매했다. 처음엔 내가 아이를 안고 남편이 작은 청소기를 사용해보는 것으로 시작했다. 단단히 마음먹고 준비한 것에 비해 강도가 약하니 내심 허무했다. 그다음에는 큰 청소기로 바꿔 아이와 안방에 들어가 문을 닫은 채로 5초, 문을 열고 5초,

그다음에는 거실에 나와서 귀를 막고 또 한 번… 여러 달에 걸쳐 아주 천천히 도전이 이루어졌다. 강요하거나 훈련하듯 하지 않았다. 원칙은 오랜 기간을 두고 놀이하듯 진행하되 거부하면 즉시 멈추기.

전원만 켜면 울기도 하고 발을 동동 구르기도 했지만, 차츰 나아지는 건 분명했다. 그러다 마침내.

'부아앙!'

네 살 아이가 무선청소기 전원 버튼을 누르고 직접 청소기를 미는데 눈물이 날 뻔했다. 생후 32개월 만에 드디어 청소기 공포증을 완전히 극복한 것이다. 엄마는 청소기가 무섭지 않냐며 고사리 같은 양손을 내 귀에 갖다 대주는 여유까지 보였다. 비록 고가의 청소기는 방치한 2년 사이 배터리 방전으로 30초면 꺼지는 고물이 되어버렸지만, 나도 이제 우아하게 청소기를 밀 수 있게 됐다.

나는 아이가 불안할 때, 무서울 때, 속상할 때, 슬플 때, 외로울 때 찾게 되는 엄마이고 싶다. 그게 어느 날 갑자기 터놓고 말해보자고 '지금부터 요이땅' 외친다고 되는 게 아닌 줄 알기에, 아기 때부터 마음을 있는 그대로 인정해주고 어려움은 함께 극복해가며 과정을 마음에 새기는 중이다.

소아과는 무서운 곳이 아니었어요

마음의 준비를 돕는 리허설

아기를 낳으니 소아과를 친정보다 자주 간다. 예방접종, 영유아검진은 기본이고 콧물 나면 가고, 기침하면 가고, 열나면 가고, 설사하면 가고, 변비여도 가고, 다치면 가고 컨디션이 별로여도 찾게 되는 곳. 그래도 윤호는 참 건강 체질이라 병원을 제집 드나들 듯하지는 않았다. 그리고 코로나 이전에는 소아과에 장난감도 꽤 있어서 아이도 병원을 거부하지 않았다. 한창 교통카드 찍는 걸 좋아할 때에는 병원 가는 날이면 일부러 버스를 타며 즐겁게 가기도 했다.

그런데 한 번은 콧물이 너무 심해 의사 선생님이 코를 빨아들였더니 그 후로 영유아검진 시기가 왔는데도 소아과에 절대로 안 가겠다며 고집을 부리기 시작했다. 불편한 감정이 남으면 그곳은 아예 피해버리는 전형적인 회피 성향의 아이에게 "뭐가 무섭냐"고 몰아세우면 더 위축될 게 뻔하고, 다른 데 간다고 해놓고 병원에 가버리면 배신감에 신뢰도만 땅에 떨어질 테니 정공법을 택했다.

사실대로 고백하고 리허설하기.

"병원 가면 엄마가 지금 말하는 것만 똑같이 할 거야. 혹시라도 아픈 걸 한다고 하면 엄마가 그건 안 하고 싶다고 말씀드릴게. 약속해. 얼마나 컸는지 키랑 몸무게 재보고, 청진기로 배에 쿵쿵 심장 소리 한 번 듣고, 등에도 한 번 하고, 눈 한 번, 코 한 번, 귀 한 번, 입 한 번 볼 거예요. 지난번처럼 콧물 슈욱 빼는 것도 삐- 안 할 거고, 주사도 삐- 안 맞을 거야. 엄마 말 믿지? 지금껏 윤호랑 한 약속 다 지켜줬잖아. 이번에도 엄마는 네가 싫어하는 건 하지 않겠다고 약속할게."

천천히 여러 번 그림 그리듯 상황을 자세히 묘사해주니 아이는 알겠다며 병원에 가겠다고 나섰다. 소아과에 도착해 키와 몸무게를 재고 진료실에 들어가니 순서대로 착착착 너무나 순조롭게 진행됐다. 보통 이 시기 아이들은 진료실 문만 열려도 겁을 먹고 우는 경우가 많은데 스스로 옷을 올리기도 하고 '아' 하고 입을 벌렸다가 의사 선생님과 박자가 안 맞아 다시 벌리는 열의까지 보여주었다. 열여덟 소리가 절로 나온다는 18개월 아기 때인데 지금 생각해도 참 기특하다.

그렇게 검진을 잘 받고 나오려는데 갑자기 변수가 생겼다.

"아이가 예방접종 안 한 게 하나 있는데 온 김에 주사 놔드릴까요?"

아이 눈이 동그래져서 나를 올려다봤다. 나는 고민할 필요도 없이 'No'를 외쳤다. 아이가 듣고 있으니 더더욱 그래야 했다.

"아까 혹시나 병원에서 주사나 아픈 걸 한다고 하면 엄마가 아니요! 말씀드리겠다고 약속했지? 오늘은 검진받으러 온 거고 윤호도 씩씩하게 해줬으니까 엄마도 약속 지킬게."

아이 챙겨서 병원에 오는 것도 일이니 온 김에 주사를 맞자고 해버렸다면, 어렵게 엄마 말에 마음을 열고 최선을 다해 노력해준 아이는 이런 생각을 하지 않았을까. '와, 세상에 믿을 사람 하나 없네. 앞으로 다시는 병원에 오나 봐라.'

만약 예방주사를 맞아야 하거나 하기 싫은 치료를 받아야 하는 날이면 병원에 가기 전에 최대한 아이 눈높이에 맞게 설명해주었다. 따끔하겠지만(혹은 불편하겠지만) 잠시만 참아달라고. 그래야 마음의 준비를 할 테니까. 독감 예방주사처럼 싫어도 꼭 해야만 하는 것들이 있다면 내가 먼저 맞으며 시범을 보여주었다.

코로나가 한창이던 여름, 아이와 어린이박물관에 방문했다. 그곳은 직접 만지고 체험하는 게 많다 보니 마스크는 물론이고 비닐장갑까지 착용해야만 입장이 가능했다. 입장한 지 얼마 되지도 않았는데 땀으로 축축해진 비닐장갑이 너무 답답해 벗어던지고 싶은 마음이

굴뚝같았지만, 윤호는 물론이고 삑삑이 신발 신은 꼬꼬마 아기부터 현장에 있던 모든 아이들이 젖은 비닐장갑을 끼고 마스크를 쓴 채 내부를 관람하고 있었다. 아이들은 상황이 이해되면 큰 불편도 군말 없이 감수할 수 있는, 어른보다 더 어른스러운 마음을 지니고 있었다. 아이들은 설명해주면 많은 걸 들어줄 준비가 되어 있는데, 어른들 마음대로 아이니까 모를 거라 여기고 대충 넘어가는 것이 불통의 시작 아닐까.

아이가 병원을 싫어하고, 치과를 싫어한다고 '온 김에' 숟가락 하나 더 얹거나 충분한 설명 없이 물리력을 가해 진료를 보게 된다면, 다음 번엔 병원 문을 열고 들어가는 것조차 힘들 수 있다. 아, 아기들에겐 미용실도 마찬가지다.

영어는 들려주면서
어른들 말은 안 들을 거라 생각하세요?

자나 깨나 입술 조심!

시간이 갈수록 아이의 모습에서 나와 참 닮은 구석이 많이 보인다. 그래서 아이의 눈빛이나 작은 행동만 봐도 어떤 신호가 담겨 있는지 대충 예상되는 장점도 있지만, 지레짐작으로 어설프게 판단했다가 어퍼컷 맞는 수가 있기에 우선은 입 다물고 지켜보는 연습을 한다. 탯줄이 잘린 순간 아이는 나와 아무리 닮았어도 다른 인격체라는 것을 늘 염두에 두고 있다.

아이에게서 내 모습을 발견하는 만큼 아이를 키우며 어린 시절을 자주 떠올리게 된다. 특히 부모님께 어떤 말을 듣고 싶었는지, 어떤 말은 듣기 싫었는지, 또 어느 상황에서 내가 어떻게 행동했는지 기억의 조각들을 모아보는 것만으로도 육아에 꽤나 도움이 될 때가 있다.

　나는 삼남매 중 둘째 딸, 늦둥이 막내가 태어나기 전 자매 시절에는 욕심 많고 칭찬받기 좋아하는, 그래서 뭐든 척척 잘해내는 막내딸이었다. 언니가 피아노를 먼저 배워도 뒤늦게 시작한 내가 금세 앞질렀고 미술도, 공부도, 운동도, 하다못해 반장 자리까지 매년 휩쓸어오는 모범생이었다. 어릴 땐 그랬다.

　그러다 보니 엄마는 사람들을 만나면 자연스레 둘째 딸을 칭찬하는 듯 보였고, 나는 늘 귀가 이만큼 커져서 엄마가 뭐라고 이야기하는지 다 듣고 있으면서도 모르는 척 속으로만 좋아하는 눈치 백단이었다. 생각해보면 크게 자랑하거나 우쭐해서 하시는 말씀도 아니었다. 누가 물어보면 아이가 좋아하고 잘하고 있으니 시켜보고 있다 정도의 '정보 공유성' 말이었다. 그래도 내가 잘하면 엄마도 은근히 기뻐한다는 게 전해져 기분은 좋았다.

　그런데, 언젠가부터 과거에 항상 내 옆에 있었을 언니가 보이기 시작했다. 말 그대로 순둥이인 언니는 빠릿빠릿하고 원하는 건 얻어내고야 마는 동생 옆에서 알게 모르게 주눅이 들어 있었다. 그때는 몰랐다. 서너 살 때 친척 어른들이 다가오면 누가 뭐라고 하기도 전에 언니가 먼저 "내 동생 예뻐요"라고 말해버렸을 정도라고 하니 마음이 아리다.

　돌쟁이였던 나는 어른들이 딱 좋아할 법한 통통한 우량아에 눈이

왕방울이었고, 언니는 호리호리하고 마른 체형이었다. 그러니 보는 어른들마다 "아이고, 고놈 둘째 참 예쁘다"라고 한마디씩 하셨다고 한다. "언니 닮아서 동생도 예쁘네"라고 해주셨으면 참 좋았을 텐데. 어린 시절 어떤 '말'을 듣느냐가 아이의 자존감을 얼마나 높여주고, 또 낮출 수 있는지 그 당시 어른들은 잘 모르셨으리라.

말이 트이지 않았다고 못 알아들을 거라 여긴다면 정말이지 오산이다. 못 알아들으면 왜 수많은 엄마가 누워 있는 아기들에게 영어 음원을 들려줄까? 듣는 것이 쌓이면 언젠가 발화되기 때문이다. 실제로도 엄마에게 긍정적인 말을 많이 들은 아이는 긍정어를 사용하고, 부정적인 말을 자주 들은 아이는 부정어를 사용한다. 말뿐 아니라 생각과 행동 역시 그럴 것이다. 폭력적이거나 다툼이 많은 드라마, 영화를 아이 앞에서 틀어두는 것도 그래서 좋지 않다고 하지 않나. 소리와 장면이 아이에게 오감으로 흡수되어 언젠가 그 행동이 아이에게 나타날 수 있다.

실제로 미디어가 주는 영향을 분석한 연구들은 영상은 이어폰 끼고 작게, 혹은 육퇴 후 즐기는 걸 추천한다. (인터넷에 검색만 해도 많은 연구 자료를 볼 수 있다.) 내가 24시간 한쪽 귀에 이어폰을 끼고 있는 이유이기도 하다.

평소에 조심하다가도 할머니 댁에 가면 '어른이 보시니까' 하며 무방비 상태가 될 때가 있는데, 아이와 함께 〈사랑과 전쟁〉을 보거나 하지 않았으면 좋겠다. 돌쟁이 아기는 내용을 이해하지는 못하더라도 말투와 분위기를 온몸으로 받아먹으니 말이다.

사실 TV보다 내가 의지를 갖고 조심한 것은 내 입술이었다. 아이랑 차 타고 이동할 때 걸려오는 전화, 가족끼리의 대화, 아이 친구 엄마와의 수다… 특히 정신을 바짝 차려야 하는 순간들이다. 아이에게는 거짓말하지 말자고 해놓고 친구 엄마에게는 사소한 거짓말이라도 하게 되는 경우가 있지 않나. 하물며 "밥 먹었니?"라는 물음에 안 먹어놓고 먹었다고 대답하는 것조차 조심했다. 방금까지 웃으며 친근하게 대화를 나눴으면서 돌아서서는 나도 모르게 남편에게 불만을 털어놓을 때, 아이가 늘 함께 있으니 입을 뗐다가도 아차 싶어 도로 닫았다. 엄마에게 오류가 많다는 걸 아이가 몇 살부터 발견해낼지 알 수는 없으나 나 스스로가 더 나은 사람이 되기 위해서라도 입에 지퍼를 채웠다.

만 20개월 즈음, 다른 발달은 굉장히 빠른 편이던 아이가 말귀는 다 알아듣는 것 같은데도 입 밖으로 말을 하는 건 정작 느긋했다. 또래 아이들은 하루 종일 옹알이하느라 시끄럽다는데 윤호는 몇 단어 정도 뱉을 뿐, 매우 조용한 편이었다. 아직 두 돌도 안 된 시기라 마음

놓고 있었지만 어른들은 그러지 않으셨는지 한마디씩 물어보셨다.

"얘는 왜 말을 못하지?"

죄송하지만 아이 앞에선 그런 말씀을 삼가달라고 웃으며 부탁드렸다. 아이 성향을 보니 엄마의 말과 본인의 소리가 다르다는 걸 인지하고 옹알이도 일부러 안 하는 것 같다는 생각이 들어서였다. 아무도 없을 때 구석에서 거울을 보며 조용히 옹알거리는 걸 몇 번 본 적이 있는데, 그런 아이에게 왜 말을 못하냐는 어른들의 대화가 들리면 소리 낼 때 자신감도 떨어지고 점점 더 의식할 것 같았다. 당시 영유아검진 때도 언어와 관련해서는 메모지에 적어서 질문을 드렸다. 〈아이가 듣고 있어서요. 혹시 말이 늦은 건 아니겠지요?〉 센스 있는 소아과 원장님도 웃으며 티 나지 않게 답변해주셨다. "전혀요."

누가 우리 아이의 칭찬을 해줄 때는 어릴 적 내가 그랬듯 나와 닮은 아이의 귀도 커져 있을 거란 생각에 고맙게 받으면서도 칭찬의 늪에 빠지지 않도록, 엄마의 말이 더 앞서가지 않게끔 조심한다. 아이 친구들과 만나 놀 때는 어릴적 언니를 떠올리며, 혹시 함께 노는 동안 어른들의 부주의로 누군가에게 상처가 남지 않도록 말에 항상 신경을 쓴다. 나에겐 내 아이가 1순위지만 아이 친구 역시 소중하니까.

그로부터 얼마 후 아이의 말문이 트이고, 나는 그동안 들려주었던 말들을 아이의 입을 통해 다시 듣게 되는 놀라운 경험을 했다. 일상

속 단어 하나하나가 무서우리만치 아이에게 흡수되어 있었다. 누군가는 말투도 유전이냐고 하는데 자신 있게 말할 수 있다. 엄마의 말은 곧 아이의 말이 된다는 것을. 유전이 아니라 학습이라는 것을.

'싫다', '아프다'가 무슨 뜻이냐면요

마음 표현하는 법 알려주기

#1.

아침식사로 죽을 즐겨 먹던 세 살 윤호, 그런데 어느 날 갑자기 거부하기 시작했다. 그릇을 바꾸고 치즈도 올려보고 치트키였던 김가루를 뿌려봐도 입 한 번을 뻥긋하지 않았다. 싫다고 하는 음식을 억지로 먹이진 않았지만, 그렇게 잘 먹던 죽을 며칠 몇 달이 지나도록 쳐다보지도 않으니 이유가 뭘까 고개가 갸웃거려졌다. 아이와 외식을 할 때도 만만한 게 죽집이었는데 아쉽기도 했다.

이유를 짐작하게 된 건 그로부터 1년 반이나 지난 후였다. 아이는 식감에 예민해 좋아하는 고기반찬도 질긴 정도가 안 맞으면 씹다가 삼키지 못하고 뱉어버리기 일쑤여서 물티슈로 싸서 한쪽에 밀어두거나 모아서 버리곤 했다. 그런데 하루는 나에게 부탁을 한다.

"엄마, 나는 이거 보면 토할 것 같은데 바로 치워줄 수 있어요?"

그제야 퍼즐이 맞춰졌다. 말이 트이기 전이고 이미 오래전 일이라 정확한 사실 확인은 어렵겠지만, 아마도 어린이집에서 누군가의 토사물을 본 뒤로 죽을 보면 그 기억이 떠올라 속이 울렁거리고 불쾌했던 것 같다.

지금도 아이는 죽을 먹지 않는다. 예민한 녀석이라 한번 각인된 부정적 이미지를 떨치는 데는 몇 배의 시간이 걸리는 편이다. 그걸 알기에 애써 권하지는 않는데, 어른들이 옆에서 죽을 먹으면 괜히 다가와 "맛있어? 나는 죽은 안 좋아해서 더 형아 되면 먹어볼게"라고 눈치껏 한마디 던지곤 한다. 말이 트였을 때라면 죽이 싫어진 이유를 바로 알 수 있었을까? 그렇지 않을 수도 있다. 마음 표현하는 법을 가르치지 않으면 엄마는 계속 명탐정 코난이 되어 아이의 진심을 추리해나가거나 모르는 채 살아가야 할지도 모른다.

#2.

자주 가던 미술놀이 카페에서 아이가 좋아하는 슬라임 놀이를 한다고 해 기대에 부풀어 달려갔다. 하루 전부터 신난다고 노래를 부르던 윤호는 막상 카페에 도착하고 나니 갑자기 엄마 껌딱지가 되어 들어가지 않겠다고 했다.

"들어가기 싫어. 안 하고 싶어졌어요."

체험시간은 정해져 있고 마냥 시간만 보내다 끝나버리면 뒤늦게 아쉽다고 후회할 게 뻔한데, 당황스럽고 어이가 없었다. 그래도 어쩌리. 이유를 아는 건 본인뿐이니 마음을 터놓을 수 있도록 채근하지 않는 것이 문제를 해결하는 가장 빠른 방법이다. 억지로 밀어 넣는 건 망하는 지름길, 그렇다고 막연히 두고 보자니 체험시간이 끝나서 들어갈 수도 없게 되면 더 큰 사달이 벌어질 것 같았다.

"기분 좋게 왔는데 갑자기 마음이 변한 이유가 있을까? 엄마한테 말해줄 수 있어?"

"응. 그냥 하기 싫어졌어."

"갑자기 하기 싫어질 수도 있지. 그런데 아직 슬라임은 시작도 안 했고 물감놀이를 먼저 하는 것뿐인데, 슬라임 안 하고 가면 아쉽지 않겠어? 원래 그게 제일 하고 싶던 거잖아."

"응…."

부정하지 않는 걸 보니 슬라임은 여전히 하고 싶은 것 같다. 그러고 보니 저번에 왔을 땐 물감놀이가 마지막 순서였는데, 오늘은 물감놀이부터 하고 있으니 기대했던 슬라임이 안 나올까 봐 불안하거나 혹은 슬라임부터 하려던 혼자만의 계획이 틀어져 기분이 상했던 모양이다.

"맞아. 나는 물감은 오늘 안 하고 싶어. 안 해도 돼요? 슬라임 나오면 그때 들어갈래."

"당연히 되지. 그냥 하기 싫어졌다고 하면 엄마는 뭐가 싫은지 모르잖아. 그렇게 말해줘서 고마워."

아이는 문 앞에 서서 물감놀이가 끝나자마자 뛰어 들어가 방방 뛰며 슬라임 놀이를 즐겼다. 스파이더맨처럼 여기저기 거미줄을 만들고 길게 늘어뜨리면서 물컹대는 손맛을 원 없이 맛보았다.

#3.

32개월 윤호를 태우고 바닷가에 가던 길이었다. 매일 산으로 바다로 다니다 보니 그날도 익숙하게 이런저런 이야기를 하며 고속도로를 달리고 있는데 아이가 갑자기 엄마를 불렀다.

"엄마? 엄마, 배 아파."

"혹시 벨트가 눌렸니? 바깥이 따가운 것처럼 아파, 아니면 응가하고 싶게 배 속이 아파?"

"바깥이 아픈 건 아니야. 응가도 아니야. 근데 배 아파."

"배고플 때 꼬르륵하고 배가 아프다고 말한 적 있잖아. 그때처럼 그러니?"

"아니, 그것도 아니야."

얼른 차를 갓길에 세웠다. 멀미가 났는지 아침 먹은 걸 왈칵 게워

냈다. 바닷가에 가자마자 바로 놀 수 있도록 래시가드를 입혀 출발한 것이 몸을 조였나 보다. 아나운서로 행사 진행을 9년간 했더니 어떤 돌발상황이 생겨도 당황한 내색을 감추는 능력이 생겼다. 속으로는 별별 생각이 다 들어도 겉으로는 여유만만 베테랑 엄마인 척 훈련이 되었다고나 할까.

"수영복이라 얼마나 다행이야. 금방 마르겠다. 엄마가 미안해. 답답할 거라고는 생각을 못 했어. 앞으로는 아까처럼 토할 것 같으면 배 아프다 말고 속이 안 좋아, 토할 거 같아, 울렁거려요, 이렇게 말해주면 엄마가 더 빨리 알아들을게. 알겠지?"

그날 다시 한 번 생각했다. 우리에겐 너무나 익숙한 표현이지만 아이는 느낌을 '언어'로 표현하자니 '싫다' 아니면 '아프다'밖에 생각나지 않을 수 있겠구나. 매일같이 부대끼다 보면 엄마의 말을 다 알아듣는 것 같고, 다 알아들으니 당연히 말로도 표현할 수 있을 거라 착각하지만 그건 어디까지나 어른들 생각이다. 차만 타면 자꾸 다리가 아프다고 하는 시기에는 찌릿찌릿한 느낌인지, 뻐근한지, 쓰라린지 물어보며 하나씩 후보를 지워나갔고, 카시트에 앉으면 다리가 일정 각도로 걸쳐지는 바람에 시간이 지나면 저리다는 걸 깨닫고 발판을 달아주기도 했다.

아이의 '싫다'는 아이의 컨디션과 주변 환경, 전후 상황까지 다 따져

봐야 하는 훨씬 복잡한 추리영역 심화 문제다. 좋을 줄 알았는데 막상 닥치니 정말 싫다, 졸리다, 찬바람이 들어온다, 부끄럽다, 무섭다, 긴장된다, 하고 싶은데 자신이 없다, 혼자는 싫고 엄마랑 같이 하고 싶다 등 각양각색의 진짜 마음이 '싫다'는 표현에 담겨 있다. 이런 속뜻이 있을지 헤아려보지 않은 채 말을 액면 그대로 해석하고 '싫다고? 분명 네가 싫다고 했다!'라며 아이 손을 잡아끌기만 하면 아이는 자기 마음을 말로 표현하는 방법을 배울 수 없다. 엄마 역시 힘은 힘대로 들고 아이 마음은 여전히 모르는 상태이니 나중에 또 비슷한 상황을 맞게 될 것이다. 둘 중 누군가가 알아채는 어느 날까지 이 답답한 엇갈림이 계속 이어질 뿐이다.

서툰 모습은 보여주기 싫어요

회복탄력성을 키우는 엄마의 한마디

#1.

"엄마는 튀어나가지 않게 색칠하잖아. 나는 안 멋져서 싫어."

이 말을 안 하는 아이가 과연 있을까. 엄마도 완벽하지 않다는 느낌이 들도록 딱 떨어지게 색칠하지 않았는데도 아이는 자신의 것과 비교해 차이를 느끼고 좌절하고 있었다. 단 한 번도 꼼꼼하게 잘 칠해보라는 둥 테두리를 먼저 그려보라는 둥 본인의 부족함이 도드라지게 느껴지도록 말한 적이 없는데도 아이는 스스로 그렇게 생각했다.

그렇다고 '우리 아이는 완벽주의 기질이라 어쩔 수 없어'라고 하며 그대로 두고 싶지는 않았다. 그럴수록 엄마의 말과 태도가 중요하다고 생각했다. 본인은 무서운데 엄마가 무섭지 않다고 부정해버리는 건 아무 소용없다는 사실을 늘 되새겼다. 긍정적인 사고로 전환할 수 있도록 경험을 만들어주면 아이의 생각은 얼마든지 유연해질 수 있는 거니까.

"이거 봐. 또 삐져나갔어. 흐잉, 엄마가 해줘."

지난번에 아이가 말했던 이후로 비슷한 상황이 또 일어나길 내심 기다렸는데, 드디어 아이가 속상해하는 순간이 왔다.

"그럴 수 있어. 근데 이거 봐. 밖으로 삐져나간 덕분에 이 그림만 특별히 더 멋져질 수 있다?"

아이가 색칠하던 것이 색연필이면 나는 사인펜으로, 사인펜이면 좀 더 두꺼운 크레파스를 꺼내 그 위에 테두리를 덧입히기 시작했다. 당연히 그 그림만 더 입체적으로 도드라져 보였다. 지켜보던 아이가 씩 웃으며 다른 그림들도 어서 멋지게 만들자고 속도를 냈다.

#2.

직사각형 나무블록을 높이 쌓아 올리고 싶은데 몇 층 못 가서 중심을 잃고 무너지니 아이가 짜증을 내며 블록을 마구 흐트러뜨리기 시작했다. 윤호가 딱 25개월 때였다. 한참을 개입하지 않고 아이를 관찰했다. 블록이 무너져도 차분하게 몇 번이고 다시 집중해서 시도했는데, 그래도 자꾸만 무너져버리니 아이 딴에 참았던 울분이 터져 나온 듯했다.

이때 아이의 행동을 제지할 정도로 각박한 엄마가 될 필요는 없다. 나라도 짜증날 것 같았다. 아이가 감정적으로 흔들릴 땐 더욱 차분하게 아무 일도 아닌 듯 반응했다. 아주 평온하게 다가가 "블록이 무너지면? 다시 하면 되지요~"라고 리듬 타듯 반복했다. 그러고는 아이 옆에서 비슷한 형태의 블록 쌓기를 따라 하다가 일부러 성공 직전에 위태위태하다 실수하는 장면을 보여주었다.

"아, 엄마도 너무 어려운데? 엄마도 윤호처럼 무너졌다. 다시 해봐야지."

엄마가 바로 옆에서 두 번째 시도를 하니, 아이도 안정을 되찾고 멈췄던 도전을 다시 이어나갔다. 사실 두 돌짜리 아이가 혼자 성공하기엔 조금 어려운 난이도였지만 그렇다고 엄마가 바로 도와준다거나, 잘 안 된다고 짜증으로 끝내버리는 경험을 주고 싶지 않았다. 너무 길어지면 아이가 지치거나 흥미가 떨어질 수 있으니 적당히 두 번째 시도에서 아이에게 도움을 요청했다.

"엄마가 다시 도전해서 여기까지 왔는데, 마지막은 윤호가 좀 도와줄래?"

"오 성공했다!" 아이는 방방 뛰며 세상 행복한 얼굴로 웃었다.

"우리가 성공했어요, 엄마!"

"윤호 덕분이지. 고마워!"

인상적인 경험은 머리와 마음에 새겨진다. 지금은 도미노를 나열하다 엄마 아빠가 실수로 쓰러뜨리면 "괜찮지, 그럼! 다시 하면 되는 걸?"이라고 말해주는 다섯 살이 되었다.

SNS에 올린 일기를 본 한 엄마가 답답함을 토로했다. 아이에게 미숙한 모습을 보여주거나 도와달라고도 해봤지만 자기 아이는 아무런 반응이 없었다면서, 뜻대로 안 되면 울어버리니 대화가 불가능하다는 고민이었다. 내가 대답했다.

"아이들은 생각보다 섬세하고 똑똑해요. 그동안 엄마가 잘하는 걸 봤는데 어느 날 갑자기 못한다고 해버리면 뭐라고 생각할까요? '엄마도 애쓴다'까지는 아니더라도 신뢰도가 떨어지는 것이죠. 동물이든 공룡이든 뭐든 척척 그려내던 엄마가 어느 날 갑자기 동그라미를 못 그리겠다면서 아이더러 도와달라고 하니 이상하지 않을까요?"

내가 윤호랑 했던 나무블록 쌓기는 키즈카페에서 둘 다 처음 해보는 것이었기 때문에 '엄마도 처음인데 잘 안 된다'는 말이 자연스럽게 아이에게 통할 수 있었다. 그런 경우에는 처음 구매한 장난감으로 아이 혼자 사용법을 익혔을 때, 혹은 처음으로 같이 하는 보드게임일 때, 아니면 아이는 잘 다루는 변신로봇 장난감을 엄마는 서툰 것처럼 알려달라고 해도 된다. "어른도 모든 걸 잘하지는 않거든. 변신시키는 건 네가 전문가 같은데? 엄마는 잘 모르겠으니 아들이 알려줘."

한 톨도 삐져나가지 않는 깔끔한 색칠은 시간이 지나고 아이의 소근육이 정교하게 발달하면 자연스럽게 해결될 일이다. 아이의 발달 수준에선 색칠하기를 간신히 해결하는 과정에서도 수많은 미숙한 순간을 만날 수밖에 없는데, 그때마다 바득바득 속상한 감정에만 붙들리지 않고 긍정적으로 상황과 생각을 전환할 수 있다면 어떤 파도를 만나도 그 위에 올라서서 즐길 수 있지 않을까. 실패해도 툭툭 털고 일어나는 '회복탄력성'이야말로 아이 마음에 꼭 심어주고 싶은 선물이다.

완벽해야 한다고, 잘하라고 떠민 적도 없는데 왜 그렇게 긴장도가 높고 불안해하는지 가끔 답답할 때도 있었다. 아이에게 직접 말하지 않는다 해도 아이가 과자 한 입 먹을 때마다 떨어지는 부스러기를 견디지 못해 계속 바닥을 쓸고 닦았다면 아이에겐 '완벽하게 깔끔해야 한다'는 강박적인 메시지를 주는 것이라고 한다. 이처럼 무심코 했던 행동은 없는지 틈틈이 되돌아본다. 물론 솔직히 가끔은, 엄마도 사람이니 그냥 적당히 지저분하고 적당히 깨끗하고 적당히 상처받고 적당히 털어내며 적당히 알아서 잘 커주면 좋겠다는 생각이 들기도 하지만.

'안녕하세요'는 너무 부끄러워요

사람들 앞에서도 아이 마음이 먼저

어딜 가든 누굴 만나든, 네 살 윤호는 만났을 때 인사는 모르는 척 건너뛰면서 헤어질 땐 시키지 않아도 큰소리로 인사를 했다. 등 뒤로 들리는 칭찬이 좋았던 것 같다.

"아이고, 고놈 참 인사도 잘하네. 잘 가요."

그런데 하루는 자주 가는 약국에 들렀는데 손님이 많아 아이의 인사에 아무도 반응하지 않았다.

"엄마, 왜 아무도 인사를 안 해줘?"

"바빠서 아까 약 주실 때 미리 인사하신 거 같은데?"

"아니야. 아까도 안 했어. 진짜 안 했어."

정확히는 아이 말이 맞았다. 약 설명만 해주셨으니까.

"다른 손님 약 주시느라 우리 가는 걸 제대로 못 보셨을 거야. 바쁜 날은 이해해드리자."

이날 유독 시큰둥하다 싶더니, 아이는 그날 이후로 누군가를 만날 때 "안녕하세요"는 고사하고 위풍당당 자신 있던 "안녕히 계세요" 인사마저 딱 끊어버렸다. 제 딴에는 혼자 굉장히 무안했거나 거절당하는 느낌이었던 모양이다. 할머니 할아버지 댁에 가도 누굴 만나도 인사를 안 하니 민망함은 언제나 엄마 몫이었지만 그렇다고 인사를 강요할 수는 없었다. '강요한다고 나올 인사도 아니고 아이만 창피할 테니 긁어 부스럼 만들지 말자.'

"안녕하세요!" 내가 두 배 큰 목소리로 인사하고 상대방이 아이의 인사를 기다리는 듯 보이면 "조금 쑥스러워해서요. 다음엔 인사할게요. 이해해주세요"라며 재빨리 화제를 돌렸다. 그러고는 아이에게 말했다.

"괜찮아. 윤호도 인사해야 하는 건 알고 있었지? 용기 날 때까진 엄마가 기다려줄게. 천천히 해봐."

최대한 빨리 해결되길 바라는 마음이었지만 얼마나 시간이 지나야 저 입술에서 다시 인사가 나올지는 알 수 없는 노릇이었다. 어른들의 평가를 걱정하느라, 예의 없는 아이로 키우지 않았다는 걸 증명해 보이려는 오기로 괜히 아이와 기싸움을 벌이며 사람들 앞에서 꾸역

꾸역 인사를 강요하는 건 훈육의 효과도 전혀 없고 반감만 남을 뿐이다. 오히려 전해야 할 말을 둘만 있을 때 해주면 아이가 사람들 앞에서 자신을 존중해준 것으로 여기고 더 고마워했다. 말 잘 듣던 아이가 할머니댁에서 갑자기 청개구리가 될 때면 나만큼 아이도 주변의 시선을 의식하는구나 싶어 과장된 행동이 오히려 귀엽게 보였다.

아이를 키우면서 내 입술이 제어가 안 되는 순간은 아이가 천둥벌거숭이가 될 때도, 솟구치는 분노를 삭이지 못할 때도 아니었다. 의외로 타인과 함께 있을 때나 그 시선을 의식할 때였다. 윤호가 먼저 그네에 달려간 게 맞는데도 순서에 밀린 친구가 울어버리면 배려한답시고 친구에게 양보시킨다거나, 마주 달려오다 부딪힌 쌍방의 실수인데도 상대 아이에게 먼저 미안하단 말을 해버린다거나, 젤리를 나눌 때 일부러 친구부터 준다거나 등등. 잠들기 전 외출해서 찍은 동영상을 주욱 넘겨보다가 화면 속 아이의 얼굴에서 섭섭함을 읽은 적이 있다. 아이는 찰나의 순간 불편한 감정을 아주 소극적으로 표현했고, 나는 알아채지 못했다.

둘만 있었다면 당연히 윤호를 먼저 그네에 앉히며 나중에 온 아이에게 기다려달라고 했을 것이고, 넘어진 건 서로의 실수이니 둘 다 조심하자고 타일렀을 것이며, 젤리는 당연히 윤호 입에 먼저 넣어주었을 텐데, 친한 친구와 있을 땐 갈등이 생기는 게 싫어서 내가 굳이 개입해 어설프게 상황을 얼버무리고 있었다. 좀 손해 보더라도 상대를 우선하는 내 성격은 나조차 마음에 들지 않을 때가 있는데, 내 마음 편하려고 불쑥불쑥 아이를 불편하게 하고 있던 것이다. 이것을 깨달은 후로는 타인과 있을 때도 아이를 대하는 나의 말과 태도가 일관성 있는지 틈틈이 점검했다.

아이에게 인사를 강요하지 않은 것도 마찬가지 이유였다.
"아이는 엄마가 가르치기 나름이야. 인사를 안 하면 엄마가 가르쳐야지, 쯧쯧."
"네, 그럼요. 많이 파세요. 안녕히 계세요!"
카드만 받고 쭈뼛쭈뼛 서 있는 아이에게 인사해보라고 시키는 마트 사장님께 나는 큰 소리로 대신 인사하며 아이 손을 잡고는 아무렇지 않은 듯 나왔다.

타인의 시선이 불편하다고 "그러게, 얘는 왜 이렇게 인사를 못하는지 모르겠어요"라고 답한다거나 "인사 안 하는 건 예의 없는 거야. 어서 해봐"라며 기싸움을 했다면 아이는 스스로를 '인사도 못하는 예의 없는 아이'라고 낙인찍어 버렸을지도 모른다.

특히 좋지 않은 행동은 인사하라고 아이 머리를 손바닥으로 누르는 것! 아이에게 수치심을 줄 뿐 아니라 인사를 더욱 하기 싫은 불쾌한 것이라 알려주는 것이나 다름없다. 인사가 쑥스러운 아이에게 인사하는 행위만 강요하다 보면 자칫 사람에 대한 반가움을 표현하는 것 조차 거부하게 될 수 있다. 인사할까 말까 고민하던 아이가 '인사하라' 는 한마디에 당황스러움과 창피함이 몰려와 타이밍을 놓쳤을 수도 있 다. 어쩌면 아이들에게 인사는 굉장한 마음의 준비가 필요한 미션인 지도 모른다.

잠깐 쑥스러워서 그러는 거라고 엄마가 대신 인사하며 당당하게 양해를 구하고 대수롭지 않게 여기니 아이도 움츠러들지 않았다. 여 전히 인사는 못했지만, 익숙한 상대를 만나면 본인 나름대로 어색함 을 무마하는 멘트로 반가움을 표현했다. "이거 뭔지 알아?" 같은.

그리고 6개월도 더 지난 어느 날, 박물관에 입장하는데 아이가 인 사를 했다.

"안녕하세요!"

어떤 생각을 어떻게 정리했는지는 알 수 없지만 아이는 드디어 해 냈다는 듯 활짝 웃었다.

윤호의 인사 보이콧은 나그네의 옷을 벗기는 것이 바람이 아니라 는 걸 다시 확인시켜준 계기가 되었다. 아이를 키우다 보니 엄마의 말 이 마디마디 세심하게 필요한 때가 있고, 입 다물고 인내해야 훨씬 더 결정적인 힘을 발휘하는 때가 있음을 느낀다. 그 지혜로운 선택을 위 해 앞으로도 많은 공부를 해야 할 것 같다.

놀다 보면 엄마가 안 보여요

함께한다는 믿음 주기

"엄마 잠깐 쉬 하고 금방 올게. 조금만 기다려줘."

"엄마 화장실 갔다 얼른 왔어. 혼자 기다려줘서 고마워!"

아이랑 같이 놀다가 화장실이 급해졌거나 집 안에서라도 잠깐 움직여야 할 때면 언제나 아이에게 말해주었다. 계속 안아달라거나 품에서 안 내려간다고 한숨을 쉬거나 인상 쓰며 내려놓으면 아이는 부모에게 존재 자체를 부정당하는 느낌을 받는다고 하니 절대 금물이었다.

설거지를 하거나 부엌에 오래 있어야 할 때는 한 번씩 아이를 부르며 "엄마 지금 그릇 씻고 있지? 재밌게 놀아줘서 고마워. 조금만 기다려줘"라고 굳이 먼저 엄마의 상황을 설명해주었다. 침묵이 길어지다 어느 순간 '엄마 뭐하지? 왜 나한테 안 오지?'라는 생각이 들어 아이가 엄마를 찾기 전에, 먼저 한 번씩 말을 걸어주면 아이가 불안해지지 않고 안정적인 시간을 이어나갈 수 있을 거라 생각했다. 아이가 혼자 놀다가 엄마를 쳐다볼 땐 항상 웃어주려 노력했다.

울음으로 엄마를 호출하던 아기 때도, 잠결에 엄마를 찾는 지금도 자동응답기처럼 하는 말이 있다. "어, 엄마 여기 있어. 엄마 윤호 옆에 있지?"

유독 자주 깨고 힘들어하는 시기에는 뒤척일 때마다 귓가에 대고 "엄마 어디 안 가. 옆에 있으니까 걱정 말고 자도 돼"라고 속삭이면 금세 다시 잠들었다. 예민한 아이라 다섯 살이 되어도 새벽에 속삭여줘야 하는 애로사항은 있지만, 이 순간들이 모여 엄마에 대한 믿음이 되고 안정적인 애착을 형성한다는 생각은 변함이 없다.

한겨울 꼭두새벽에 주차된 차를 옮겨달라는 전화가 와도 잠든 아이를 이불에 돌돌 말아 안고 내려가 차를 옮기고 다시 안아서 올라왔다. 유난이라고 할지도 모른다. 나도 처음에는 그러지 않았다. 빌라 2층이고 강추위니 얼른 다녀와야지 하고 나갔다가 잠귀 밝은 아이가 문소리에 깨서는 현관 앞까지 나와 울고 있던 적이 있다. 그 뒤로는 아이가 업어가도 모를 만큼 뻗었다 하더라도 데려가겠노라고 약속했다.

한 번은 잠시 정차하고 맡겨둔 물건을 찾으러 간다고 하니, 차에서 동영상을 보고 있겠다며 다녀오라고 해놓고는 그 잠깐 사이 울음바다가 된 적도 있었다. 문이 닫히고 혼자 남겨졌을 때 갑자기 높아지는 불안도는 본인도 어쩔 수 없을 테니 왜 말이랑 행동이 다르냐고 뭐라 할 문제도 아니었다. "엄마가 불안해서 아이를 데리고 다닌다", "그렇게 끼고 키우는 건 과잉보호다" 등등 남들이 뭐라고 하든 '원 플러스 원'으로 움직이며 늘 함께 있다는 믿음과 안정을 주는 것이 최선이었다.

24개월경, 아이 친구 집에 놀러 갔을 때 집주인이었던 친구 엄마가 급히 마트에 간 적이 있다. 노느라 마냥 신이 났던 친구는 곧 두리번거리더니 그때부터 급격히 불안해하기 시작했다. 아이 엄마가 마트에 간 줄도 몰랐던 나는 친구의 모습을 보면서 아이 엄마가 말없이 외출했다는 걸 알게 되었다. 다가가서 설명을 해주었지만 이미 높아진 불안은 쉽게 수그러들지 않았다.

기질이 예민한 아이라면 이런 경험이 한 번만 있어도 기억에 오래 남는다. 낯선 곳에 가거나 낯선 사람들이 오면 예전처럼 긴장 풀고 신나게 놀기까지 생각보다 많은 시간이 필요할지 모른다. 엄마가 언제 사라질지 모른다는 불안감에 훨씬 더 강력한 껌딱지가 되는 부작용이 남는 것이다.

본격적인 분리가 이루어지는 기관 생활에 적응할 때에도 '아이가 잘 노는 것 같으니 조용히 사라지는 것'은 절대로 하지 말아야 한다. 몰래 가버리는 행동은 아이로 하여금 어린이집, 유치원을 버려지는 곳, 두려운 공간으로 인식하게 할 수 있다. 기관과 교사, 부모에 대한 신뢰가 모두 깨질 수도 있는 것이다. 헤어짐이 힘들고 아이가 심하게 울더라도 반드시 이야기하고 인사를 나눠야 한다. 펑펑 우는 한이 있더라도 엄마가 갔다 온다는 말을 들은 아이는 어떤 상황에서든 엄마가 나에게 말을 해주고 갈 거라는 믿음을 갖게 된다.

반대로, 예고 없이 헤어진 경험이 누적된 아이들은 한눈팔면 언제 어디서 엄마가 사라질지 모른다는 불안함 때문에 엄마 옆에서도 놀이에 집중하지 못하고 분리불안을 겪게 된다. 혹시나 적응 기간에 "잘 놀고 있으니 조용히 나가달라"고 이야기하는 교사가 있다면 이 부분만큼은 아니라고, 반드시 아이와 인사하고 가겠다고 당당하게 이야기하면 좋겠다. 사랑하는 아이와 엄마 자신을 위해서.

드로잉카페에 갔는데 한 아이가 어기적어기적 들어가다가 다시 출구로 나와 엄마를 불렀다. 아이 엄마는 아이가 낯가림이 심해 그렇다며 다시 들어가 보자고 설득하는데, 내 시선은 조금 달랐다. 낯설고 어색한 것 치고는 꽤 많이 걸어 들어갔더랬다. 내 눈에 들어온 건 힘이 들어가 한껏 오므려진 열 발가락과 엉거주춤 걷는 모습이었다. 물감을 방금 씻어낸 터라 물빠짐 매트를 깔았다 해도 바닥이 젖어서 척

척한 느낌을 불편해하는 것 같았다.

"저… 바닥 느낌이 싫은 것 같은데 옆에 있는 슬리퍼를 신고 가보면 어때요?"

예상 적중이었다. 아이는 슬리퍼를 주니 곧장 들어가 놀이에 합류했다. 의외로 문제는 간단히 해결됐지만 여전히 조금 어색한지 힐끔힐끔 창문 쪽을 계속 돌아보는데, 아이 엄마는 바쁜지 휴대폰만 들여다보고 있었다.

애착과 관계없이 기질상 낯설고 어색한 게 싫거나 불안도가 높아서 분리수업을 어려워하는 아이들은 수업 초반에 힐끔 돌아봤을 때 엄마가 나를 보고 있다는 게 확인되면 대부분 안정감을 찾고 집중하기 시작했다. 그런데 엄마들은 곧장 휴게 의자로 가서 앉거나 휴대폰을 보느라 아이가 쳐다보는 초반의 순간을 놓치는 경우가 정말정말 많았다. 그러면 아이는 놀이에 집중하기까지 오래 걸리거나 심하면 중간에 나오는 사태가 생기기도 했다.

처음엔 아이 뒤통수만 보일지라도 뒤돌아 봐줄 때까지 초반엔 잠시 지켜보는 걸 추천한다. 기질이 예민하거나, 낯선 곳에서는 오래 탐색하는 아이인 경우엔 더욱 그렇다. 눈맞춤 때 파이팅이나 엄지척 한 번 해주고 조용히 뒤에 가 있겠다고 신호를 보내면 아이 얼굴에서 세상을 다 얻은 듯한 미소가 뿜어져 나올 것이다.

자꾸 왜냐고 묻지 마세요

엄마가 설명해볼게

"이거 왜 뱉었어?"

명절 선물로 들어온 최고급 한우도 까탈스러운 아이에겐 불합격이다. 특정 정육점에서 주문하는 채끝살만 귀신같이 골라 먹는 아이에게 왜 뱉었냐고 묻다니, 아이가 대답할 수도 없는 질문을 당당하게 한 내 자신이 어이없었다. 질기거나 뜨거웠거나 그것도 아니면 고기에 뿌린 후춧가루가 느껴졌거나, 어쨌든 싫었으니 뱉었을 테지. 아니, 삼킬 수 없어 뱉었다는 표현이 더 적절할 것이다.

"도대체 왜 그러는 건데."

내 말이 귓가에 들리는 순간 기분이 묘했다. 화를 낸 것도, 짜증을 낸 것도 아니고 사흘간 고작 두 시간 눈 붙인 엄마가 밤새 칭얼거리는 아이에게 하는 푸념이었지만 곧장 주워 담고 싶었다.

고3 수험생 시절 엄마에게 가장 듣기 싫었던 말이 바로 그 말이었다. 갑자기 성적은 떨어지고 슬럼프도 오고 독서실에 가서 시간만 채울 뿐 공부는 안 하고 있다는 걸 스스로 너무 잘 알고 있던 그때 "지금껏 잘하다가 고3 중요한 시기에 도대체 왜 그러는데?"라고 물으시면 죄인이 된 듯 말문이 막혔다. 적당한 이유가 없었다. 공부는 되지 않고 하기도 싫고, 그렇다고 실망시켜 드리는 건 더 싫어서 엄마와 마주치는 시간이라도 줄여보려던 기억. 고3 수험생도 그럴진대, 네 살 다섯 살 꼬맹이에게 도대체 왜 그러느냐고 물었으니 스스로가 우스웠다.

아이들에게 왜냐고 이유를 물으면 아이 머릿속이 하얗게 된다는 강의를 들었다. 아이는 그저 홍시 맛이 나서 홍시 맛이라고 하였을 뿐인데 왜 홍시 맛이 나냐고 물으시면 어찌 답을 하냐는 것이다. '왜'를 자꾸 물으면 적절한 표현을 찾지 못해 버벅거리게 되고 위축될 수 있으니, 이유를 묻지 말고 '이래서 그랬구나'라고 엄마가 풀어서 표현해 주는 것이 아이에겐 훨씬 도움 된다고 했다.

윤호가 네 살 때, 밖에서 신나게 뛰어놀고 집까지 왔는데 주차를 마치니 카시트에서 난동이 벌어진 적이 있다.

"안 내릴 거야. 집에 안 갈 거야! 더 놀고 싶어. 더 놀 거야! 으엉엉."

발로 앞 좌석을 퍽퍽 차며 평소와 달리 흥분해서 울며불며 소리를 쳤다.

"윤호야, 잘 놀다 와서 갑자기 왜 그러는 거야?"

또 왜냐고 물었다. 흥분한 네 살 짐승이 순순히 답해줄 리가 없는데. '아, 이거 아니지.' 고개를 절레절레 흔들며 정신줄을 급히 잡고는 차분하게 설명을 시작했다.

"엄마 말 잘 들어봐. 너 지금 피곤하고 졸려서 기분이 안 좋은 거야. 엄마가 왜 그러냐고 물어봤는데, 윤호도 잘 모를 거야. 지금 기분이 안 좋아서 화가 나고 소리 지르고 싶고 발로 차고 싶고 그러는 거지? 그걸 '짜증난다'고 하는 거야. 윤호는 졸려서 짜증이 난 거고. 원래 많이 피곤하면 어른도 그래. 엄마가 이해는 하는데 오래오래 받아줄 수는 없어. 조금만 더 기다려줄 테니까 진정되면 엄마 불러줘."

아이는 중간중간 기어들어가는 목소리로 "응, 응" 대답했고, 나는 설명을 끝낸 뒤 조용히 운전석에 앉아 기다려주었다. 20분쯤 지났을까, 뒤에서 나지막이 엄마를 부른다.

"엄마, 윤호 이제 기분 풀렸어요. 사탕 있어요?"

민망한지 억지 미소를 지으며 사탕을 소환하지만, 감정을 추스르고 엄마를 불러주는 게 어딘가. 네 살 아이에게 더 바라면 욕심이다.

"그럼, 사탕 여기 있지. 다음부터는 아까 같은 기분일 땐 '엄마, 지금 피곤해서 짜증난다'고 말해주는 거야. 발로 차고 그러지 않기야. 알겠지?"

"응. 미안해요. 엄마."

그 후로는 '아까 왜 그랬어?' 따위의 질문은 목구멍에서 꼴깍 삼키고 본론으로 들어간다. '왜'를 모르는 아이에게 계속 왜 그러냐고 이유를 말해보라고 따지는 것도 시간낭비다. 아이의 마음이 더 자라면, 거기에 맞게 좀 더 자세한 이유를 주고받을 수도 있을 것이다. 마음근육의 발달 수준이 이제 고작 '뒤집기-되집기'까지 가능해진 아이에게 달리기를 시켜놓고는 이 쉬운 걸 왜 못하냐고 답답해하는 건 우스운 일이니까. 가끔은 마음근육도 대근육, 소근육처럼 발달 정도가 눈에 보이면 얼마나 좋을까 생각한다.

속마음은 소리가 안 들린대요

진심을 꺼낼 수 있도록 돕기

매일 일찍 퇴근하던 남편이 출장에 야근까지 바쁜 한 주를 보냈다. 아이는 바빠진 아빠가 내심 서운했던 것 같다. 일을 끝낸 아빠가 다가가니 아이 입에서 낯선 말이 튀어나왔다.

"아빠 미워. 아빠 저리 가!"

한두 마디밖에 안 했던 것 같은데 아들의 '밉다'는 말에 아빠는 내가 무슨 실수를 했나, 장난이 과했나 생각해본다. 실수할 시간조차 없었는데 말이다. 평소엔 아들 눈빛만 봐도 금세 마음을 알아차리는 아빠였는데 일주일 바빴다고 어색한 공기가 사악 깔리고, 아빠는 씻고 오겠다며 샤워하러 가버렸다.

그 모습을 보는데 젊은 연인이 떠올랐다. 남자친구에게 삐친 게 있으면서 "나 피곤하니까 집에 갈래"라고 돌려 말하는 철없는 여자친구와 "그래? 알겠어"라며 순순히 집에 가버리는 눈치 없는 남자친구의 조합 같았다. 아빠가 샤워하는 동안 후다닥 아이에게 갔다.

"아빠가 진짜 미운 거야? 아니면 혹시 이번 주에 아빠랑 못 놀아서 서운했어?"

"음… (한참 뜸 들이다가) 서운한 마음이 있었어."

"맞아. 아빠가 이번 주에 너무 바빴어. 그치? 그런데 진짜 마음은 아빠랑 놀고 싶으면서, 밉다고 가라고 하면 아빠는 어떻게 생각하는 줄 알아? '윤호는 내가 밉구나. 가라고 했으니 어쩌지? 멀리 가야 하나?' 이렇게 생각해. 왜냐면 속마음은 밖으로 안 들리거든. 우리가 말하는 것만 목소리로 들리니까 마음은 아무리 듣고 싶어도 들을 수가 없어. 속상했으면 속상했다고, 사실은 같이 놀고 싶었다고 말로 이야기해줘야 아빠가 그걸 듣고 알 수 있는 거야."

"그럼 어쩌지. 쫌 부끄러운데."

"어른들도 마음을 솔직하게 말하는 건 되게 어려워. 그래서 도전하는 것만으로도 진짜 멋진 거야. 아빠가 나오면 엄마가 옆에 있어줄 테니까 한번 말해볼래?"

"응. 그 대신 엄마가 아빠! 하고 불러줘."

그 사이 짧은 톡을 보내두었다.

〈아들이 실은 아빠랑 놀고 싶었대요. 나오면 말할 거예요.〉

아이는 쑥스러워 잠시 망설였지만, 용기 있게 속마음에 목소리를 달아주었다.

"아빠, 아까 윤호가 가라고 한 거 미안해요. 우리 같이 놀까요?"

그날 이후, 아이는 꽤 많이 달라졌다. 어색하거나 불편한 상황에선 괜히 못 들은 척 딴청 피우거나 화제를 돌리는 회피형 기질의 아이지만 마음의 소리를 밖으로 꺼내기 시작했다. 막힐 땐 옆에서 슥 도움을 주었다. "그럴 땐 이렇게 말하면 되는 거야"라고.

속마음을 감춘 채 돌려 말하면서 상대가 눈치채주길 바라는 건 사실 나의 방식이었다. 성격 탓도 있겠지만, 성격 탓으로만 돌릴 수는 없는 일. 어느 순간부터 좀 더 성숙한 말 습관을 갖고 싶어 고치려고 부단히 노력했고 현재도 노력 중이다. 그래서 아이에게는 처음부터 기초를 잘 다져주고 싶었다. 한번 정착된 말 습관을 바꾼다는 것이 얼마나 어려운지 누구보다 잘 아니까.

좋은 일은 누가 묻지 않아도 알리고 싶은 게 인지상정이니 자연스럽게 되겠지만, 부정적인 감정도 말로 표현할 줄 아는 사람이 되기를. 그러면 엄마에게 감추고 싶은 사생활이 생기고 사춘기가 되어도 진짜 감정을 바탕으로 한 소통이 가능해질 거라 믿는다.

어른들 뜻대로 할 거라면 묻지 마세요

약속과 통보는 다르다

"아들, 양치하자."

"지금 하고 싶지 않은데."

"늦었으니 잘 준비해야지. 긴 바늘이 지금 7 가리키고 있는데 어느 숫자에 가면 양치할까?"

"음, 그럼 6!"

당했다. 때는 이미 자정이 가까워진 밤 11시 35분. 지금까지는 분침이 30분 이후를 가리키면 적당히 8에서 12 사이 숫자를 선택해준 덕분에 약 20분 이내에 상황이 종료됐는데, 빽도도 아니고 6을 고를 줄이야. 밤 12시 30분에 양치를 하면 잠은 대체 언제 잔다는 말인가. 아이는 통쾌한 듯 웃으며 하던 일을 이어나갔다. 만 48개월, 키가 자란 만큼 아이 머리도 자랐다는 걸 실감했다. 그날 이후로는 조건을 붙인다. 지금 긴 바늘이 7에 있으니 8에서 12 중에 골라달라고.

"자정이 넘으니 6은 안 되겠어! 너무 늦으니까 다시 골라."

나라고 왜 이 말을 하고 싶지 않을까. 하지만 애초에 조건을 주지 않고 시간을 선택하라 했으니 55분 더 놀게 하며 훗날을 도모했다. 전략적 후퇴였다. 선택권을 주는 자체가 아이 말을 존중한다는 의미였으므로 지켜주는 것이 옳다고 판단했다.

며칠 뒤, 아이는 필요한 게 있다며 문방구에 가자고 했다.
"알겠어. 그럼 사고 싶은 거 딱 두 개만 사자?"
"바로 이거야. 스카치테이프랑 물풀!"
"응? 테이프 저번에 샀는데?"
"아, 그렇지."

반사적으로 테이프를 제자리로 내려놓는 아이 모습에 순간 많은 생각이 오고 갔다. 자연스러운 대화였지만, 아이 기질상 내가 되묻는 의도를 알아채고 0.1초 만에 반사적으로 뒷걸음질 치는 모습이 느껴져서 그랬다. '집에 있는 물건을 또 사지 않는 것'보다 '진짜 속마음을 말로 표현하는 것'에 더 초점을 맞추고 있었기에 나는 얼른 다음 대화를 이어나갔다.

"사지 말라는 뜻이 아니라 저번에 샀던 건데 또 사는 게 맞는 건지 물어본 거야. 잊어버렸나 해서. 사고 싶은 거 두 개 고르라고 했으니까 엄마는 상관없어."

"그런 거야? 사실 윤호는 테이프가 또 사고 싶어서."

"응. 그러면 그렇게 얘기해주면 되는 거야. 솔직하게 말하면 엄마가 싫어할 것 같았어?"

"헤헤, 응. 저번에 샀으니까. 그럼 이거랑 물풀이랑 두 개 계산할까?"

우리는 기분 좋게 집에 돌아왔다. 조건 없이 사고 싶은 거 두 개를 고르라고 한 순간부터 선택권은 아이에게 있다. 부피가 크거나 값비싼 걸 골라도 할 말이 없는 상황이다.

물론 과한 선택을 할 때 아이에게 사과하고 차선책을 고르도록 하지만, 그만큼 말의 무게를 가볍게 여기지 않도록 조심하고 있다.

"지금 10신데 몇 시까지 놀고 양치할까?"라고 물었을 때 아이가 한참을 망설이자 아빠가 먼저 대답을 해버린 적이 있다.

"긴 바늘이 4에 가면 양치하는 거 어때?"

아이는 썩 내키지 않은 표정이었지만 알겠다고 대답했다.

"아들, 10시 20분이네. 긴 바늘이 4에 갔지? 약속한 시간 됐으니 양치하자."

그날 윤호는 느릿느릿 시간을 끌다가 못마땅한 표정으로 욕실에 들어갔다.

언젠가 오은영 박사가 TV 프로그램에 출연해 "아이와 충분히 합의되지 않은 내용은 약속이 아니다"라고 말한 적이 있다. 윤호에게도 10시 20분은 '약속'이 아니었으리라. '통보'였겠지.

아이의 의견을 물었지만 원하는 답변이 나오지 않을 때, 어른들이 계속 범위를 좁히며 원하는 답변 언저리로 아이를 유도하거나 진짜, 꼭, 정말 하고 싶냐고 재차 삼차 거듭 확인하며 아이에게 은근히 압박을 줄 때가 있다. 예를 들어 티셔츠 하나를 사러 가도 어떤 옷이 좋으냐고 골라보라고 해놓고 막상 대문짝만 하게 만화 캐릭터가 그려진 옷을 골라오면 솔직히 당황스럽다. 아이의 의견을 무시할 수는 없으니 티셔츠 구석에 캐릭터가 작게 그려진 옷을 집어들어 "막상 입으면 이게 더 멋있는데 이건 어때?" 하고 여러 번 되물을 때도 있다. 엄마는 속으로 '이것도 양보하는 심정으로 사주는 거다' 생각할지 모르겠지만 아이의 마음에는 '이럴 거면 대체 왜 고르래? 엄마가 알아서 골라서 사지'라는 생각이 서서히 자리잡지 않을까?

그리고 이것이 생활 속에서 반복되면 아이는 의견을 물을 때 "나도 몰라. 그냥 아무거나 해"같이 본인의 생각을 말하지 않게 될 수 있다. 본인 선택이 자꾸 다른 모습으로 수정되니 스스로도 확신을 갖지 못해 대답을 회피할 수도 있다.

어른들은 네 살, 다섯 살 아이들의 생각이 이럴 거라 지레짐작하거나 아이는 변덕을 부릴 거라며 의견이 확실치 않을 거라는 편견에 의사 묻는 과정을 생략해버리곤 하지만, 아이들은 누구보다 바쁘게 생각하는 중이며 의견도 피력할 줄 안다. 나도 엄마가 된 후에야 확실하게 알았다. 선택의 기회를 주지 않거나 아이 의견을 은연중에 계속 무시한다면, 시간이 흐른 뒤 아이는 인생의 중요한 갈림길에서 선택의 어려움을 겪게 될 수도 있다는 것을. 우리의 부모님들이 그러셨듯이 우리도 아이를 키우는 과정에서 행하는 실수들을 실수인 줄도 모른 채 반복하는 건 아닐까. 세상에 완벽한 부모는 없겠지만 부모님 세대에 비하면 언제 어디서나 고급정보를 넘치게 얻을 수 있고 적용해볼 수 있는데도 과거의 실수를 답습하는 건 아닌지.

약속의 형태를 빌려 지시만 하거나, 존중한다고 의견을 물어보고는 결국 어른들이 원하는 방향으로 대답을 유도하는 '답정너' 경험이 계속 쌓인다면, 아이는 상대방이 엄마든 아빠든 진심을 말하고 싶지 않을 것 같다. 의견을 물었으면 정말 의견을 있는 그대로 수용해주고, 의견을 반영해줄 수 없는 문제라면 처음부터 묻지 않는 편이 낫다. 특히 아이가 다녀야 할 기관, 수업, 체험 등은 아이의 의견이 매우 중요하다고 생각한다.

몇 번의 실랑이 끝에 윤호의 양치시간은 타협의 과정 없이 '엄마가 말하는 즉시 하는 것'으로 변경되었다. 대신 목욕시간이나 놀이시간, 동영상 보는 시간, 자기 전 독서시간 등 거의 모든 일과는 아이 의견을 적극 반영해 채워가고 있다. 물건 하나를 살 때도, 메뉴를 정할 때도, 일정을 짜거나 외출할 때도 아이와 상의하거나, 그러지 못한 일은 양해를 구한다.

  타협의 여지를 두지 않는 규칙 몇 가지를 제외하고는 아이 의견을 존중해주니 스스로 내린 결정에 대해선 책임도 질 줄 알고 엄마 아빠가 다른 의견을 말해도 귀 기울여 들어주는 게 자연스러워졌다. 때로는 나보다 더 어른답기까지 한 45개월짜리 친구다.

엄마를 다시 못 보면 어떡해요?

설레고 불안한 마음 받아주기

아이는 두 돌이 채 되기 전에 작은 민간 어린이집에 다니기 시작했다. 규모가 작다 보니 열 많은 아이는 한여름 옷을 입혀 보내도 혼자 땀 범벅이었고, 에너지가 많다 보니 부딪히거나 다칠 위험이 있어 선생님도 자주 가슴을 쓸어내린다고 하시길래 오전에만 짧게 보내거나 가정보육으로 방향을 틀었다. 하지만 한번 시작된 기관 생활이니만큼 아이에게 진행 과정에 대해서는 모두 공유해주었다.

"형 누나들하고 운동하다가 부딪힐 수도 있으니 오늘은 오전 놀이만 하고 엄마 만날까?"

"내일은 어린이집 선생님께 말씀드리고 바닷가에 놀러 갈까?"

수료할 때까지는 어린이집에 소속되어 있다는 걸 확인시켜 주려는 의도이기도 했고, 엄마 마음대로 일정을 결정해 통보하지 않고 항상 의견을 묻겠다는 존중의 의미이기도 했다. 일단 아이의 의견을 물으면 어떤 대답을 하든 언제나 그 뜻에 따라주었다. 후반부는 가정보육이 주를 이뤘지만 그래도 아이는 첫 어린이집에서 3세 반을 무사히 수료했다.

가정보육 1년, 그리고 다섯 살이 되면서 드디어 유치원에 가게 되었다. 예비소집일에 가방과 안내문을 받으러 유치원에 같이 간 아이는 그날부터 다섯 살이 되는 날만 손꼽아 기다렸다.

"내일이 다섯 살이야? 언제 다섯 살 되는 거야?"

입학식을 하루 앞두고 아이에게 물었다.

"내일 누가 축하해주면 좋겠어?"

입학을 기다렸다 해도 불안도가 높은 아이라 막상 닥치면 생각보다 힘들어할 수 있으니 긴장을 낮춰줄 무언가를 준비해야겠다는 심산이었다.

"음, 곤충. 장수풍뎅이랑 사슴벌레!"

아, 곤충이라니. 쉽지 않은 대답에 못 들은 척 넘어가고 싶었지만, 아이가 잠든 새벽 클레이를 꺼내 사부작사부작 장수풍뎅이와 사슴벌레를 얼추 비슷하게 만들었다.

아이의 입학 축하 친구들.

그렇게 기다리던 입학식 당일, 아이는 유치원 안으로 한 발짝도 들어가지 않았다.

선생님1 : 선생님이랑 가서 가방이랑 선물만 들고 바로 나올까?

윤호 : 아니요. 내 집에도 가방 있거든요.

선생님2 : 여기 교실 사진 보여? 재밌는 게 이렇게 많은데, 한번 볼래?

윤호 : 사진 보면 들어가고 싶어지니까 저는 그거 안 볼 거예요.

선생님3 : 친구들 줄 서서 선물 받는데 그것만 얼른 받아오자.

선생님4 : 이제 입학식 끝났으니 잠깐 구경만 하고 바로 나올까?

현관문 앞에 양반다리로 앉은 아이는 양손에 클레이 사슴벌레와 장수풍뎅이를 든 채로 선생님 네 분을 깔끔하게 거절했고, 입학식을 마친 아이들이 밖으로 나오자 슬그머니 자기 반 아이들 무리에 껴서 담임선생님을 따라갔다. 무리에 끼는 걸 보니 유치원이 싫은 건 아닌 듯하고, 무언가 다른 이유가 있어 보였다. 황당한 상상에서 비롯된 것이라 하더라도 아이가 불안해하는 이유라면 안심시켜 주어야 다음 날 등원이 가능할 것 같아 조심스레 물어보았다.

돌고 돌아 알게 된 진짜 입학식 거부 이유는 이랬다. 예비소집일에 유치원 여닫이문에 자물쇠가 걸려 있던 걸 본 것이다. 그걸 기억하고는 저 문 안으로 들어갔다가 혹시 잠겨버리면 다시는 못 나올까 봐, 엄마에게 돌아오기까지 오래 걸릴까 봐 겁이 났던 것.

"그래서 윤호가 무서우니까 도저히 안으로 들어갈 수가 없었어."

아무리 생각해도 내 머리로는 예측할 수 없는 답변이었다.

"그랬구나. 그런 생각이 들어서 걱정된다고 말해줬으면 오랫동안 혼자 고민하지 않아도 됐을 텐데. 그래도 이렇게 말해줘서 엄마가 정말 고마워. 평소에 엄마는 윤호 마음을 알아맞힐 때도 있지만 사실은 이렇게 모를 때가 훨씬 많거든. 불편한 마음이 있으면 언제든지 이렇게 말해줘야 하는 거야. 알겠지?"

솔직히 나는 자물쇠가 있었던 것조차 가물가물했지만 관찰력이 좋고 불안도가 높은 아이에겐 그 장면이 크게 기억됐나 보다.

"안으로 들어갈 순 없었지만, 선생님이랑 친구들 만난 건 좋았어. 내일은 한번 가볼게."

하지만 유치원 현관문을 넘어서는 일은 그 뒤로도 녹록지 않았다. 주말 내내 잘 놀다가도 다음 날 유치원 갈 걱정에 선 넘는 잠투정을 하는가 하면, 아침이 오는 걸 어떻게든 막아보겠다고 새벽까지 눈꺼풀과 '맞짱'을 떴다. 등원을 피해보려는 몸부림이었다. 심하게 거부하면 가정보육으로 돌릴 생각도 있었지만, 유치원 문턱을 넘어보지도 않고 그만둘 수는 없었다. 막연한 두려움은 넘을 수 있도록 도와주고 싶었다.

'아니, 네가 좋다고, 유치원 가겠다고 해놓고 대체 밤마다 왜 이러는 거니.'

속에선 울컥울컥 올라왔지만 이건 어디까지나 수월하게 넘어가고 싶은 엄마 욕심일 뿐, 다그치는 건 절대 해서는 안 된다는 걸 알고 있었다. 남편에게도 기다려달라고, 힘들면 방에 들어가서 모른 척해달라고 부탁했다. 후유증 세게 오면 그 고생은 내 몫이니까. 외국에 혼자 유학 가는 것만큼 두려운가 보다 생각하며 일명 '부럽다 시리즈' 작전을 써보기도 했다.

"엄마는 이름 스티커도 없는데 너무 부럽다."

"교실에 재밌는 거 많아 보이던데 갈 수 있어서 좋겠다."

"유치원 놀이터도 있다던데 엄마는 갈 수도 없고 진짜 부럽다." 기타 등등.

아이가 새로 산 물통에 이름 스티커를 다닥다닥 붙이며 반응을 보였다.

"엄마도 가고 싶어? 그럼 윤호가 들어가 보고 설명해줄게. 내 물통 어때? 예쁘지?"

보고 싶을 때마다 꺼내보라고 가방에 가족사진을 넣어주니 그제야 마음이 좀 놓이는 듯했다. 유치원마다 정해진 규정이 있겠지만 엄마가 아이의 기질을 잘 파악하고 소통이 잘된다면, 다른 아이들에게 피해가 가지 않는 선에서 1~2주 정도 엄마가 주도적으로 아이를 적응시켜 보겠다고 말씀드려 보는 것도 방법이다.

나도 아이가 예민한 면이 있다는 것과 잘 웃다가도 갑자기 불안도가 높아지는 포인트를 알고 있기에, 유별난 엄마란 소리를 들을 각오로 말씀드렸다. 적응 기간에 우는 친구들을 보면 같이 불안도가 높아질 테니 그 시간 지나서 등원해도 되는지, 병설유치원은 교문 안에서 기다릴 수 없는데 일주일 동안만 현관문 바로 앞에서 기다려도 괜찮은지 여쭤었고, 담임선생님의 동의를 받았다. 일주일 정도면 적응시킬 자신이 있었다.

"일반적인 울음이면 괜찮은데 공포스러운 눈빛이면 엄마한테 가자고 해주세요, 선생님."

지나친 걱정이라 여길 수도 있지만 부정적 이미지가 한번 박히면 그걸 지워내기까지 몇 배의 시간이 필요한 아이였기에 말씀드려야 했다. 예민한 기질에 불안이 공포가 되면 앞으로 유치원이 아닌 다른 곳에 갈 때도 트라우마가 될 수 있으므로.

아이의 처음은 언제나 중요하다. 때와 장소는 잊어버려도 첫 감정과 느낌은 고스란히 기억될 것이다. 유치원에 대한 기억이 끌려가듯 억지로 혹은 무섭게, 또는 뭐 사준다고 해서 선물 받으려고 갔던 곳으로 남는다면 이듬해 아이의 3월도 1년 전과 다를 게 없을 것이다.

기관 생활에 대해 가감 없이 이야기하고 처음에 겪어야 할 것들, 참아야 할 것들, 견뎌내야 할 것들을 나누면서 아이와 함께 하루하루 적응해가는 과정이 말처럼 간단하지는 않았다. 고작 한 시간 유치원 다녀왔다고 남은 하루 껌딱지가 되는가 하면 요구사항도 평소보다 몇 배로 많아지는 게 그렇게 치사할 수 없었다. 치열한 하루를 보내도 밤만 되면 또 내일 아침 헤어질 걱정에 잠을 쫓고 있으니, 내 얼굴도 덩달아 흘러내렸다. 그래도 흔들리지 않고 아이의 속도에 맞춰 하루하루 채워나갔다. 누군가에게는 유난스러워 보이는, 더디고 고단한 일주일을 꾀부리지 않고 성실히 보내는 것이 내년과 내후년을 생각하면 가장 빠른 길임을 알기 때문이다.

엄마 품에서 잠깐만 충전할게요

아이 마음 채워주는 가장 쉬운 방법

아이는 정확히 일주일 만에 유치원 적응을 끝냈다. 매일 아침 등원 길에 꼭 안아주는 건 엄마 심장에서 윤호 심장으로 에너지가 충전되는 시간이고, 서로의 오른팔을 엑스자로 겹쳐 올리며 "합~체!"를 외치는 건 두려움을 이겨낼 때 쓰던 둘만의 구호인데 어느새 유치원 문 앞 의식이 되어버렸다. 남들처럼 3~4시까지 기관 생활하는 것도 아니고 10시 넘어 등원해 1시 30분이면 하원이지만 그래도 유치원이 재밌는 곳으로 자리잡아가는 것 같아 마음이 놓였다.

"엄마, 윤호가 왜 자꾸 안아달라고 하는 줄 알아?"

"글쎄?"

"사실은 용기가 없어서… 엄마가 안아줄 때마다 손톱 사이로, 뇌 속으로, 다리 끝까지 에너지가 들어오거든."

"진짜? 엄마도 그러는데."

45개월 아이의 표현력에 내심 놀랐지만, 생경한 고백에 담긴 아이의 마음을 생각하며 차분하게 대답을 이어갔다.

"혹시 유치원 선생님이나 친구들 앞에서 안 아픈 척, 용감한 척, 무섭지 않은 척하느라 힘들 때가 있니?"

아이가 고개를 끄덕였다.

"그렇구나. 그러면 지금처럼 '엄마 한 번만 안아줘' 하고 와. 지금보다 더 자주 와도 돼. 엄마도 윤호 안으면 힘이 나니까."

"어우, 지금은 너무 오래 안았어. 힘이 넘쳐버렸다! 내가 엄마한테 힘을 나눠줄게."

안 그래도 아이는 유치원에 간 후로 틈만 나면 안아달라고 다가왔다. 안고 들어 올리라는 게 아니라 말 그대로 꽉 안아달라는 의미였다. TV를 보다가도, 책을 보다가도, 친구랑 놀이터에서 놀다가도 갑자기 다가왔다.

"엄마, 한 번만 안아주면 안 돼요?"

꽉 안아주면 금세 또 씨익 웃으며 돌아가서 하던 일을 이어서 했기에 이유를 굳이 묻지는 않았다.

요구는 점점 더 구체적으로 바뀌었다.

"엄마, 윤호만 보고 윤호만 안아주면 안 돼요?"

엄마를 이렇게나 사랑하다니, 이런 사랑을 언제 또 받아보겠나 싶어 해달라는 대로 TV도 끄고, 읽던 책도 덮고, 휴대폰도 뒤집어놓고 안아주기를 몇 달째, 아이가 갑자기 마음을 툭 꺼내 보인 것이다. 가끔은 친구인가 착각이 들 정도로 다 커버린 듯한 다섯 살이지만 생각해보면 아직 만 4년도 살지 않은 작디작은 아이, 엄마가 안아주기만 하면 온몸 구석구석까지 에너지가 채워진다는 아이의 고백이 그렇게 고마울 수가 없었다.

아이의 말이 시처럼 들리던 날도 있었다.

"윤호는 엄마가 보고 싶을 때만 울어. 참아봤는데 안 될 때도 있더라고."

"그럼, 울고 싶을 땐 참지 말고 울어도 괜찮아."

"눈물은 평소에 눈 안에서 춤추면서 놀다가 우리가 막 울 때 미끄럼틀 타고 내려온대. 엄마, 오늘도 좀 보고 싶을 거 같은데 너무 보고 싶으면 선생님한테 전화해달라고 할게. 010-△△△△-□□□□ 맞지?"

한동안은 집에 오면 유치원에서 있었던 일들을 이야기하느라 수다가 끊이지 않더니 언젠가부터 엄마 생각이 많이 난다는 표현을 자주

하며 마음을 얕게 내비쳤다. 지금껏 마음을 말로 표현하면 들어주겠 노라고 강조해왔는데, 곧 아이의 한 꺼풀 벗겨진 진짜 마음을 듣게 될 것 같은 느낌이었다. 뭔지 몰라도 용기 내서 말해주면 정말로 아이의 의견을 들어줘야겠다고 마음의 준비를 시작했다.

열흘 정도 지났을까, 아침에 눈을 뜨자마자 아이가 말했다.

"오늘은 유치원에 안 가면 안 돼요?"

"피곤해서 그래? 아니면 다른 이유가 있을까?"

"음… 사실은 매일 똑같은 활동만 하니까 너무 지루해. 엄마 생각도 계속 나고."

단순히 엄마가 보고 싶다는 이유라면 하루 정도 신나게 집에서 놀고 유치원에 다시 보내려 했는데, 아이와 자세히 이야기를 나누어보니 유치원에 가고 싶지 않은 이유가 생각보다 명확했다. 그렇다면 아이를 설득할 이유가 없었다. 담임선생님께 상황을 말씀드리고 가정보육을 병행하기로 가닥을 잡았다.

단지 안아주었을 뿐인데 뇌 속으로, 손톱 사이로, 다리 끝까지 에너지가 들어온다는 아이. 표현의 차이가 있을 뿐 그만큼 모든 아이에게 엄마는 세상의 전부일 것이다. 동생이 있으니 기다리라고, 지금 바쁘다고, 다 큰 애가 왜 자꾸 안아달라 하느냐는 말 대신 두 팔 벌려 안아주면 아이의 온몸에 에너지가 급속 충전될 것이다. 2초면 된다.

3장

정서적 금수저 프로젝트 2 : 가능성을 가두지 않는 진짜 '아이 주도 놀이'

저지레는 아기의 미션

두 돌도 안 된 아기와 바닷가에 와서 모래놀이하는 엄마를 봤다. 아기 주변에는 바다 그림책, 바다와 관련된 교구들, 바다 해 한자카드가 빙 둘러 놓여 있었다. 한쪽에는 나무세트, 꽃세트, 물고기세트가 줄줄이 대기 중이었다. 아기 엄마는 매우 만족스러운 표정이었지만 그걸 본 나의 충격이란. 아이와 바다에 가려면 챙길 게 얼마나 많은데 그걸로도 모자라 집에서부터 저 다양한 교구와 책을 챙겨오는 열정이라니, 아이를 위한 진심이 아니면 결코 하지 못할 것 같았다. 그런데 왜 그리 안타까웠는지.

아이의 호기심은 혼자 힘으로 앉고 기며 도리도리, 짝짜꿍 등의 모방을 시작하는 9~12개월 무렵에 왕성해지기 시작한다. 아이는 같은 동작을 수없이 반복하며 눈에 보이는 새로운 물건을 파악해가는 즐거움을 느낀다. 그러다 걷기 시작하면 아이의 활동 범위는 걷잡을 수 없이 넓어지고 어른들은 편한 시절 다 끝났다고 말씀하신다. 대근육 발달이 빨랐던 윤호는 200일에 엉거주춤 붙잡고 일어서더니 테이블에 다리를 올리기 시작했다. 나는 조금 일찍 고생문이 열렸고, 아이는 이보다 더 신날 수 없었다.

세상에 대한 호기심을 느낄 때 위험한 물건은 미리 치워두고 나머지는 자유롭게 탐색할 수 있게 허락하는 것이 아기들에게 가장 좋은 '놀이'이자 '학습'이라고 했던가. 전기 콘센트는 막아두고 가위, 칼 등은 손 안 닿는 곳으로 치워두니 그 외엔 딱히 아이에게 위험한 물건이 없어 보였다. 아니, 가끔은 도무지 어디서 찾아냈는지 알 수 없는 물건들 때문에 식겁할 때도 있긴 했다. 나조차 잊고 있던 해묵은 연필을 집어 든 채 웃고 있을 땐 뾰족한 연필심만 크게 확대돼서 보였다. 그럴 땐 재빨리 다가가 치우되 흥분하거나 당황한 모습을 보이지 않으려 했다.

"이건 너무 위험하다. 엄마가 미리 치워놓지 못해서 미안해. 너무 뾰족해서 다칠 수 있어. 이것만 빼고 나머진 하고 싶은 대로 놀아도 괜찮아."

늘 곁에 있으니 가구의 모서리 부분이나 기타 돌발상황에 대한 대처는 어렵지 않았다. 아이에게 작은 테이블 위에 올려둔 젖병소독기와 분유포트는 단골 장난감이었고, 공기청정기와 부엌에 놓인 드럼세탁기는 질리지 않는 놀잇감이었다. 매일 사용하는 젖병소독기 안의 물건들을 하도 끄집어내니 남편이 하루는 여행용 캐리어 벨트로 소독기를 둘둘 감아두기도 했다. 냉장고 문에도 잠금장치를 붙여두었지만, 아이는 매의 눈으로 엄마 아빠의 행동을 관찰한 뒤 48시간도 안 되어 새로운 문제해결 방식을 터득해 자기 것으로 만들었다.

저지레는 아이들의 미션이다. 막을 수 없는, 거쳐야만 하는 과정이다. 우리도 그 시간을 참아준 분들이 계셨기에 지금 이렇게 살아가고 있는 것일 테다. 나에게 그 시간은 잠시도 눈을 뗄 수 없는 고단한 날들의 연속이었지만, 하루하루 새로운 걸 해내는 아이의 모습을 지켜보는 것 자체로 즐거웠다. 인형처럼 누워서 먹고 자고 싸기만 하던 아이가 무언가를 스스로 관찰하고 탐색하고, 한계에 부딪히며 나름대로 해결해보려는 모습을 보이는데 얼마나 경이로운가.

국민 육아템이 안 통하는 아이

'뭐? 공갈 젖꼭지만 있으면 혼자 스르르 잠을 잔다고?'

믿을 수 없는 이야기에 마음이 동해 우리 집에 없는 새로운 브랜드로 또다시 주문 버튼을 눌렀다. 공갈 젖꼭지만 벌써 네 개째다. 모유만 먹는 아기들은 엄마 젖을 빨다 보니 공갈 젖꼭지를 거부하기도 하지만 젖병을 사용하는 아기들은 공갈 젖꼭지도 잘 받아들인다고 하던데 웬걸, 있는 힘껏 쪽쪽 빨아보다가 아무것도 안 나오니 퉤 뱉어버린다. 여러 번 물려봐도 마찬가지였다.

"여보, 애 천잰가? 젖꼭지가 공갈치는 걸 아나 봐."

공갈에 대한 미련은 접어두고, 수납장에 테트리스하듯 넣어둔 선물을 하나씩 꺼내기 시작했다. 아기가 생겼을 뿐인데 정신 차려보니 14평 작은 집에 짐이 기하급수적으로 불어나 있었다.

'맞아, 모빌 다음은 아기체육관이랬지.' 선물 받았던 아기체육관을 꺼내줬지만 아이는 한 달, 두 달이 지나도록 별달리 흥미를 보이지 않았다. 장난감보다는 뒤집고, 배밀이를 하고, 엉덩이를 추켜드는 등 대근육 운동에 온종일 시간을 쓰는 아기였다.

울 때마다 아기 울음을 멈춰준 효자템이라며 지인이 물려준 '에듀볼'은 눈물을 부르는 불효자템이었고, 아이들 집에 하나씩은 꼭 있다는 튤립 사운드북에도 눈길 한 번 주지 않았다. 발달이 빠르고 활동적인 아기니 통통 튀어 오르는 '점퍼루'를 좋아할 거라 예상했지만 그것보다는 가만히 만지며 탐색하는 '쏘서'를 훨씬 좋아했다. 큰맘 먹고 '스프링카'를 대여했다가 사진만 찍고 그대로 반납했고, 책 읽어주는 '세이펜'도 아이에겐 찬밥 신세였다.

약간 서운한 마음도 들었다. 따지고 보면 누구에게 서운한 건지도 모르게 서운했다. 남의 말을 들었을 뿐 아이가 사달라고 한 적도 없었다. 아이를 위해 공들여 준비했지만, 싫어한다고 해서 아이를 탓할 문제는 전혀 아니었다.

이때부터 아이의 특성을 관찰하기 시작했다.

'모양과 색깔을 좋아하고, 동물보다 식물을 좋아함. 직접 조작하는 장난감을 선호하고, 장난감보다 생활용품에 관심이 훨씬 많은 편. 능동적으로 몸을 쓰는 건 거침없으나 예상할 수 없는 외부 자극을 몹시 두려워하고 사운드북이나 세이펜보다는 엄마가 읽어주는 걸 좋아함. 동영상을 볼 때도 캐릭터보다는 인물이 직접 등장하는 콘텐츠에 반응하는 편.'

한창 또래 아기들이 동물을 좋아할 때 아이는 모양과 색깔, 신호등에 푹 빠져 있었다. 자동차로 아이 방이 가득 찬다는 시기에도 윤호는 색종이와 가위면 충분했고, 두 돌 즈음엔 손도장과 화산폭발, 파리지옥을 좋아했다. 친구들이 공룡과 사랑에 빠질 때 저 혼자 알파벳과 아크릴 푸어링에서 헤어나지 못하더니 다섯 살인 지금은 과학, 마술과 질리도록 데이트 중이다.

어쩜 이렇게 뭐 하나 쉽게 통하는 게 없는지, 늘 맨땅에 헤딩하는 심정이었지만 그 덕에 아이를 더 집중해서 관찰할 수 있었고 아이의 관심사를 오롯이 따라가는 즐거움도 누렸다. 국민 육아템은 아이가 자라는 내내 끝도 없이 등장할 텐데 일찌감치 발을 뺐으니 차라리 다행이다 싶었다. 유행하는 책이나 값비싼 교구를 들여놨다면 아이 반응과 상관없이 아까워서라도 틈틈이 계속 들이댔을 테니.

주방놀이는 진짜 주방에서

색안경 벗어 던지기

아기 윤호는 주방놀이를 유독 좋아했다. 친구 집에 놀러 갔을 때도, 키즈카페에 갔을 때도 아이가 자리를 못 뜨고 한참을 놀길래 우리 집에도 들여놓을까 검색을 해보았다. 검색을 얼마나 했는지 장바구니에 담긴 주방놀이 장난감만 17개였다. 하지만 아무리 뒤져봐도 좁은 우리 집에 주방놀이를 놓으면 한 사람은 그 위에 누워 자야 할 지경이라 도저히 주문 버튼을 누를 수 없었다. 아쉬운 대로 휴대용 주방놀이를 구매했지만, 어른 손으로는 잘 집어지지도 않을 만큼 작았고 아이가 가지고 놀기에도 아쉬움이 많았다.

'에이, 이게 다 무슨 소용이야. 주방에서 놀면 그게 주방놀이지.'

그날부터 생후 8개월 아기와 함께 쌀을 씻기 시작했다. 한쪽 다리를 접어 올려 받치고 한 팔로 아이를 감아 안고는 다른 한 팔로 아이 손을 붙잡고 물에 불린 쌀을 휘휘 저었다. 물을 따라내고 다시 받고 쌀을 헹군 뒤 전기밥솥에 넣기, 그리고 취사 버튼까지 아기가 직접 누르게끔 도와주었다. 나에겐 어차피 해야 하는 집안일이었고, 아이에게는 즐거운 놀이였으니 일거양득이었다. 취사를 시작한다는 밥솥양의 안내 음성에 움찔하고 '치익~' 뜸 들이는 소리에 놀라 주저앉던 아기는 점차 밥이 되는 과정을 즐기는 듯 보였다. 나중에는 밥솥에서 김이 뿜어져 나오는 타이밍까지 미리 알아맞히곤 했다.

돌쟁이 아기와 함박스테이크를 만드는 것도 재미있는 놀이였다. 다진 소고기와 다진 돼지고기에 달걀, 빵가루를 양푼에 담고 손에 비닐장갑을 씌워주면 신기한 듯 조물거렸다. 시간이 얼마가 걸리든 상관없었다. 어차피 우리가 먹을 건데 뭘. 아이와 신나게 치대고, 완성되면 아이가 직접 만들어서 너무 맛있다고 잔뜩 치켜세워 주었다.

놀 거리는 생각보다 많았다. 빨아둔 베개 커버를 씌우고 있으면 아이는 옆에서 커버에 달린 지퍼를 올렸다 내리며 스스로 재미를 발견했다. 똑딱단추 끼웠다 풀기, 벨크로 붙였다 떼기, 신발끈 당겼다 풀기 등 아이는 엄마와 함께하는 일상에서 자연스럽게 고가의 몬테소리 교구에 포함된 여러 가지 놀이를 체험했다.

일상의 온갖 활동이 놀이가 된다. 함박스테이크 반죽하기, 셀프 계산하기, 가구 조립하기 등.

'아기가 이런 걸 해도 되나?'라는 생각은 해본 적이 없었다. 뭐든 해보고 싶어 하면 시범을 보여주며 일단 해볼 수 있도록 기회를 주었다. 위험하거나 어려워 보이면 옆에서 도와주거나 경험해보게 한 뒤에 안 되는 이유를 설명해주었다. 안전가위는 14개월부터 사용했고, 대개 위험하다며 근처에도 못 가게 하는 어른용 가위나 글루건, 펀치, 스테이플러, 압정 등도 30개월 즈음부터 사용했다. 물론 아이가 먼저 해보고 싶다고 표현한 것들이다. 단, 엄마 아빠와 함께 있을 때만 해볼 수 있다고 설명해주었다. 이젠 혼자서도 익숙한 솜씨로 잘 다룰 수 있지만 아이는 여전히 어른과 함께해야 한다는 규칙을 잘 지켜준다. 생후 8개월에 주방놀이와 함께 시작한 세탁기 돌리기는 다섯 살이 되니 아빠보다 능숙해져서, 혼자서도 빨랫감과 세제 넣고 세탁 버튼 누르기까지 일사천리로 척척 해낸다.

교통카드 찍는 게 좋을 땐 한가한 평일 낮에 가까운 지하철, 버스 정류장을 돌았고, 계산대 놀이를 하고 싶을 땐 마트 내 셀프계산대 코너로 갔다. 바코드 리더기로 직접 물건을 하나하나 찍을 때마다 화면에 글자가 올라가는 짜릿함이란 장난감과는 비교할 수 없으리라. 다만 기다리는 사람이 없을 때만 할 수 있다는 조건도 덧붙여주었다. 막무가내 놀이터가 되면 안 될 테니까.

두 돌이 지나니 아이는 개성을 좀 더 진하게 드러내기 시작했다. 엄마만 겨우 알아들을 수 있는 외계어 수준이었지만, 26개월 아이는 유튜브에서 봤던 화산폭발 실험을 기억하고는 진행자의 인사말부터 토씨 하나까지 줄줄줄 읊어댔다. 아니 똑같이 연기를 하고 있었다.

아이의 다양한 과학실험도, 알파벳 놀이도 비슷하게 시작되었다. 만약 두 돌짜리 꼬맹이가 그럴 리 없다고 무시했다면, 과학실험은 더 큰 아이들이나 하는 거라는 고정관념에 갇혀 반응해주지 않았다면 어땠을까? 가끔 상상해보면 아찔해진다. 3~4세에는 창작과 자연관찰 책을 많이 읽어야 한다며, 발달 시기에 따라 봐야 하는 것들이 있는데 아이 취향이 너무 한쪽으로 치우쳐 있는 게 아니냐고 한마디씩 하는 사람들도 많았지만, 엄마로서의 소신을 지키고 싶었다. 오히려 그것이 어른들의 색안경은 아닌지 되묻고도 싶었다.

엄마 눈에 좋아 보이는 게 아니라 아이가 좋아하는 것에서 출발하기

"우리 애는 아기 때나 지금이나 오직 자동차야. 지겨워 죽겠어."
"우린 어떻고? 몇 년째 쥬라기공원이 따로 없어."
"윤호는 어떻게 그렇게 과학실험을 좋아해?"
"세 돌도 안 된 애가 어떻게 알파벳으로 온종일 놀아? 영어 가르쳐?"

친구 엄마들뿐 아니라 SNS에서도 이런 질문을 숱하게 받았지만, 내 대답은 언제나 똑같았다. "자동차 오래 좋아하면 안 되는 거야?" "공룡을 오래 좋아하는 게 어때서?"

일찍이 국민 육아템을 여러 차례 실패한 뒤로 유명하다는 전집이니 교구니 장난감에 흔들리지 않기로 마음먹었다. 집이 좁아 새로운 물건을 들일 자리도 없던 게 어찌 보면 다행이었다. 대신 아이를 열심히 관찰했고, 24시간 내내 입이 쉴 틈이 없었다. 계속 아이에게 이 말 저 말 떠드느라 바빴다. 그러다 10개월 무렵 우연히 아이가 모양과 색깔에 눈이 반짝하는 모습을 보고는 곧장 색연필을 꺼내주었다. 그것이 다이내믹한 노동의 시작일 줄 그때는 몰랐지만.

아이는 색연필과 크레파스로 상상 이상으로 많은 걸 하기 시작했다. 다른 놀이도 좋아했지만 '낙서'만큼은 먹고 싸는 것만큼이나 잊지 않고 챙겼다. 스케치북이나 전지는 무의미했다. 어차피 눈에 띄는 곳엔 다 그렸으니까. 안 된다고 막아서 될 게 아니어서, 잘 지워지는 색연필을 주고는 '종이 벽지'를 제외한 집안 모든 곳에 그려도 좋다고 시원하게 허락했다. 돌쟁이 아기지만 신기하게 종이 벽지 위에는 정말 그리지 않았다. 언성을 높인 적도, '쓰읍' 하며 방울뱀을 소환한 적도, 맴매한다고 겁을 준 적도 없는데 설명하고 또 설명해주니 아이는 정말 엄마 말을 들어주었다.

"여기는 안 지워지니까 여기는 안 돼. 나머지는 다 그려도 돼. 알겠지?"

"응!"

0세부터 훈육이 가능하다고 확신하게 된 계기이기도 했다.

종이 벽지를 제외한 모든 곳이 아이의 도화지였던 집.

그렇게 시작된 그리기와 물감놀이는 아이의 트레이드 마크가 되었고, 마트에 가면 아이는 장난감 코너가 아닌 주방용품 코너로 나를 이끌었다. 깔때기, 주걱, 집게, 국자, 빨대, 쿠키 틀, 밀대, 식용색소, 전분, 밀가루 등 미술놀이에 필요한 각종 도구가 그곳에 가득했다.

엄마로서 해줄 것은 아이의 놀이를 바라봐주고, 중간중간 아이의 의도를 알아채 주는 것뿐이었다. 특히 굉장히 사소하고 시답잖아 보이는 행동에 오랫동안 집중해 있는 모습을 가만히 지켜보면 나름대로 도전 중일 때가 많았다.

한참을 반복해서 도전하다가 도저히 안 되면 아무 일도 없었던 양 시치미 떼고 다른 도구를 집어들기도 했다. 그럴 때는 "혹시 지금 이걸 하고 싶었던 거면 이렇게 한번 해볼래?"라고 약간의 팁을 더해주었고, 긴 시간 도전해서 이루어내고는 스스로 뿌듯해 어쩔 줄 모를 때는 "혹시 지금 ○○을 혼자 해낸 거야?"라고 의도를 알아주었다. 침묵이 길어진다고 굳이 개입할 필요는 없었다. 고요 속에서도 아이의 집중하는 눈빛을 따라가다 보면 자연스레 마음이 통했다.

색연필과 물감으로 매일 놀이하는 와중에 도구가 하나둘 추가되다 보니, 어느덧 두 돌배기 아이는 스포이드, 도장, 붓, 롤러, 주사기, 집게, 분무기를 수준급으로 다루고 있었다. 소근육 발달은 덤이었다.

또래 친구들은 자연관찰 책을 좋아하고 동물을 좋아한다는데 윤호는 신호등이 재밌다고 했다. '뭐 어때, 그럼 안 될 거 있나?' 그래서 어느 날은 오후 내내 횡단보도만 찾아다니며 길 건너기 놀이를 했다. 그 과정에서 아이는 빨간불과 초록불의 규칙을 배우고 자동차 신호등과 보행자용 신호등의 차이를 발견하며 호기심을 확장해 나갔다.

뜬금없이 파리지옥, 끈끈이주걱 같은 식충식물에 관심이 생겼을 때도 순순히 관심사를 따라가 주었다. 식물원에도 가고, 그림도 그려 보고, 색종이 접기도 하고, 나무블록을 이리저리 조합해 파리지옥과 끈끈이주걱을 형상화하기도 하고, 아이가 다른 관심사로 넘어갈 때까지 흠뻑 취해 놀 수 있도록 파트너가 되어주었다. 일주일이든 한 달이든 1년이든, 아이는 한번 몰입하면 밤낮없이 빠져들다가 본인이 끝을 내야 다른 주제로 넘어갔다. 한창 빠져 있을 때는 테이프 클리너로 색종이 조각을 청소하다가도 '끈끈이주걱'이라며 깔깔거리곤 했다.

식충식물에 빠져 있던 시기. 각종 놀이의 중심에는 언제나 식충식물이 있었다.

손가락 도장에 빠졌을 때는 새벽 3시에도, 새벽 6시에도, 목욕 전에도 찍고, 씻고 나면 방금 목욕했으니 또 손도장을 찍었다. 알파벳에 빠졌을 때는 뭐가 그리 재밌는지 새벽 3~4시까지 졸음을 쫓아가며 알파벳을 만들다가 잠에 취하면 못다 만든 알파벳은 엄마가 완성해 줄 것을 유언처럼 부탁하곤 쓰러졌다. 과도한 몰입은 늘 피곤을 부르는 법, 그래도 핵심은 언제나 아이가 좋아서 시작된 것이라는 데 있었다. 아이는 '좋아하는 것'으로 '충분히' 놀이하며, 그 과정에서 몰입감과 창의력을 키워갔다.

아이가 자동차를 좋아하면 장난감 자동차만 한가득 사줄 게 아니라 자동차를 활용한 놀이를 하면 된다. 세차놀이를 할 수도 있고, 장난감 자동차를 다 분해할 수도, 다시 조립할 수도 있다. 주차장에 나가 실제 자동차들의 엠블럼을 비교해볼 수도 있고, 버스정류장에 앉아 지나가는 자동차를 구경하며 대화할 수도 있다. 클레이를 조물거려 나만의 자동차를 만들 수도 있지만 이조차 어른인 나의 닫힌 생각일지 모른다. 아이의 입에서 시작된 놀이에는 대단한 멋은 없지만 허를 찌르는 무언가가 있었다. 모든 아이는 발명가라더니 정말 그랬다.

세 살 윤호는 흩뿌려진 모래에 돋보기를 갖다 대며 '개미가 찍고 간 색깔 발자국'이라 표현했고, 네 살 때는 휴지심에 구멍을 뚫어 볼펜을 끼워 넣더니 '글루건'을 만들었다며 자랑했다. 멀쩡한 비눗방울 용액에 색소를 넣어 색깔 비눗방울을 만들기도 하고, 비눗방울 용액에 핸드워시를 섞고는 비눗방울이 왜 안 생기냐고 묻기도 했다. 물풀 한 통을 눌러 짜더니 물풀색깔 물감이라 소개하고는, 밤에 자는 동안 모기가 물풀에 다 붙어버리면 좋겠다고도 했다. 아이는 스스로 놀이를 만들어내며 진심으로 즐거워했다.

수많은 엄마표 놀이가 SNS를 가득 채우고 있다. 나 역시 도움을 받기도 하고, 엄마들의 식지 않는 열정에 입이 떡 벌어질 때도 많다. 그러나 어딘지 고개가 갸웃해지며 불편한 마음이 올라오는 것도 사실이다. 이미 다 만들어진 틀에 아이는 숟가락만 얹는 것 같기도 했고, 가끔은 이상하게도 엄마는 신났는데 정작 아이가 즐거워 보이지 않았다. '아이는 지금 놀이를 하는 걸까, '엄마표 놀이'라는 과목을 공부하는 중인 걸까?'

아이들에게는 하늘이 빨강일 수도, 초록일 수도, 검정일 수도 있는데 엄마표 놀이 속 하늘은 대부분 파랑으로 정해져 있다. 엄마표 놀이가 아이의 창의성을 더해준다는 말은 더욱 불편했다. 창의력은 주체적으로 생각하는 힘에서 나올 텐데 엄마의 아이디어로 기획된 놀이가 아이의 창의성으로 연결될 수 있을지는 지금도 솔직히 의문이다.

어떤 엄마는 아이가 물감놀이를 좋아하는데 집에선 도저히 해줄 용기가 나지 않는다고 말했다. 그 마음에도 충분히 공감했다. 뒷정리도 힘들거니와 가만히 있어도 엄마가 감당해야 하는 일이 너무 많으니까. 문제는 그다음이었다. 아이가 윤호처럼 과학실험에 관심이 없어서 속상하고, 비슷한 시기에 알파벳을 쓰지 못해 답답하다는 것이다. 그러면서 자기 아이는 타고난 머리가 똑똑하지 않아 선행학습을 시키는 중이며 유명한 영어유치원에 보낼 예정이라고 했다. 어디서부터 어떻게 말해주어야 할지 난감했다. 아무런 과정 없이 결과만 기대하는 것은 아닐까. 그것도 흔히 떠올리는 '공부'에 국한된.

아이가 좋아하는 것을 마음껏 탐색하고 놀이하게 해주어야 그 속에서 확장이 일어날 것이다. 놀이하는 동안 아이의 두뇌가 어떻게 발달하고 있을지는 아무도 모를 일이다. 물감놀이나 촉감놀이를 실컷 해줘야 과학이나 알파벳을 좋아하게 된다는 뜻은 결코 아니다. 나도 이왕이면 치우기 쉽고 편한 놀이를 해주고 싶으나 윤호가 아기 때부터 물감을 좋아해서 해주었을 뿐이다. 악기를 두드리다가 수학적 두뇌가 발달할 수도 있고, 물감놀이를 하다가 과학실험 쪽으로 호기심이 자극될 수도 있으며, 뽀로로 피규어를 들고 온종일 종알거리다가 어느 날 의외로 상세한 묘사가 가미된 그림 그리기에 소질을 보일 수도 있다. 아이들은 놀이를 통해 자연스럽게 켜질 수 있는 무궁무진한 두뇌 회로의 스위치를 가지고 있는데, 스위치를 켤 기회는 주지 않고 세 돌도 되지 않은 아이에게 한글, 숫자, 영어만 주입한다면? 두뇌 회로의 스위치는 켜지지도 못한 채 정해진 시간이 지나면 사그라들고 말 것이다.

'아이들은 자연물로 노는 게 좋다던데', '이왕이면 알파벳이나 숫자로 놀았으면', '소심하게 말고 온몸에 묻혀가며 놀지', '이 시기엔 16조각 퍼즐도 한다던데' 등 우리는 습관처럼 비교하고 개인적인 바람을 당연한 듯 아이에게 기대한다. 퍼즐이나 레고에 관심이 없다고 사고력이 뒤떨어질까 걱정하는가 하면 반대로 아이가 퍼즐을 잘한다고 내심 우쭐해지기도 한다. 그런 마음은 잠시 걷어내고 '아이가 뭘 보고 있구나', '이럴 땐 이렇게 하네', '한계를 만날 땐 이렇게 하는구나' 하며 관찰하고 알아주면 어떨까? 그럴수록 아이는 자신의 관심사를 즐겁게 확장해갈 것이고, 엄마도 관찰을 통해 미처 몰랐던 아이의 모습을 발견할 수 있을 것이다. (참고로 윤호도 퍼즐이나 레고에는 별로 관심이 없었다.)

'없으니 할 수 없지' vs. '다른 방법이 없을까?'

"돋보기 어딨떠요? 엄마 가방에 안 보여요."

아뿔싸! 친정에 오면서 아이가 매일같이 들고 다니는 돋보기를 빠뜨렸다. 풍선과 돋보기, 사인펜은 30개월 윤호와 외출할 때마다 챙겼던 1호 준비물인데 통째로 집에 놔두고 온 모양이다.

"미안해, 엄마가 돋보기를 집에 놓고 왔나 봐. 다 챙긴 줄 알았는데 어쩌지. 다음엔 엄마가 꼭 챙길게."

하지만 아이는 실망한 기색을 거두지 못하더니 눈물이 그렁그렁 차올랐다. 오랜만에 외갓집에 놀러 온 김에 신나게 자랑하고 싶었을 텐데 하필 오늘 같은 날 엄마가 빠뜨렸으니 서운할 만도 했다.

"그럼 우리 같이 돋보기 만들까?"

"응, 좋아!" 아이가 숙였던 고개를 훅 들더니 발을 동동 굴렀다.

"진짜 돋보기처럼 확대되진 않고 모형만 만드는 거지만 같이 만들면 재밌을 거야."

말은 그렇게 하면서도 머릿속은 복잡했고 눈알은 바쁘게 주변의 것들을 스캔하느라 정신없었다. '순발력아, 대답해봐. 뭘로 만들어야 돋보기가 될까? …오! 하나님 감사합니다.'

아이 간식을 담아 온 일회용 보냉백이 눈에 띄었다. 은박이 두 겹이니 원형으로 잘라 돋보기 테두리를 하고, 그 사이에 비닐봉지를 한 겹 잘라 넣어 테이프로 붙이면 간단하게 모양을 낼 수 있을 것 같았다. 그리고 나무젓가락 손잡이까지 고정하고 나니 오래 걸리지 않아 정말 돋보기가 완성되었다. 아이는 한창 관심 있던 식충식물 그림을 요청하더니, 원래 계획했던 대로 가짜 돋보기를 그림 앞에 갖다 대고는 할머니께 하나하나 설명하기 시작했다.

언젠가 유아기의 긍정적 감정은 습관이 된다는 글을 읽었다. 어떤 사건을 접할 때 긍정적으로 반응하는 사람과 부정적으로 반응하는 사람의 '생각' 차이는 어릴 때 들은 수많은 '말'에 기인한다는 강의도 들었다. 윤호는 나와 24시간 365일 내내 붙어 있으니 좋든 싫든 나의 말과 태도가 아이에게 고스란히 흡수될 것이다. 이왕이면 문제가 생

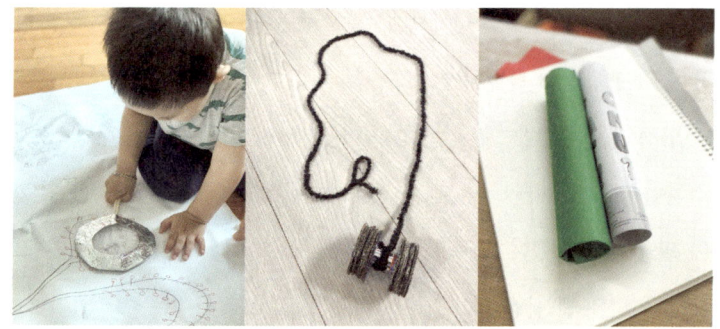

대안을 찾는 과정이 또 다른 놀이가 된다.

겼을 때 함께 해결책을 찾아보고 최대한 기분 좋게 상황을 마무리하는 경험을 많이 쌓아주고 싶었다. 높은 벽을 만났을 때 '할 수 없지'라며 바로 포기하기보다는 '다른 방법이 없을까?'를 모색할 수 있는 유연함을 가진다면 적어도 나보다 더 나은 어른이 될 것 같았다.

하루는 아이가 다 쓴 키친타올심 두 개를 연결해 망원경을 만들고 싶다고 했다. 그러나 의자를 끌어다 놓고 부엌 상부장을 아무리 뒤져도 짧은 휴지심만 가득하고 키친타올심은 달랑 하나뿐. 아이랑 마주 앉아 좋은 방법이 없을지 고민하다가 아이디어를 생각해냈다. 8절 스케치북 겉표지를 뜯어 돌돌 말아 바닥 없는 원기둥 모양으로 테이핑했다. 갖고 있던 키친타올심 안에 끼울 수 있게 사이즈도 조절할 수 있으니 망원경 만들기에 얼마나 유용한가. 헛웃음이 나왔다. '살다 살

다 키친타올심을 다 만들어보네.' 종이 돌돌 말아 테이핑하는 흔하디 흔한 일이 굉장히 특별하게 느껴졌다.

당장 요요를 해보고 싶은데 줄이 끊어져 망가졌을 땐 우선 택배 주문을 해두고, 아이와 함께 현관에 빼둔 신발상자와 건전지를 활용해 만들기 시작했다. 과학실험에 꼭 필요하다며 생뚱맞게 부채가 필요하다고 할 땐 남은 하드보드지를 반원으로 잘라 만들어주었다. 테이프가 덕지덕지 붙고 완성도가 높지 않아도 아이는 자신의 바람을 엄마가 채워주려 노력하는 마음이 좋았던 건지, 거절하거나 나중으로 미루지 않고 '지금', '함께' 놀이해주는 사실 자체를 즐거워했다. 만드는 도중에 아이의 관심이 다른 놀이로 전환되면 나도 미련 없이 새로운 놀이 열차에 올라탔다.

욕실은 아이 실험실

 부엌에서 잠깐 컵 몇 개 씻고 뒤를 돌아보니 그새 난리가 났다. 이번엔 식용유다. 부산스럽게 욕실과 거실을 오가며 집기를 모으길래 무언가 실험을 하려나 보다 예상은 했지만 바닥에 식용유가 흥건할 줄이야.

 "엄마, 미안. 그런데 왜 키친타올심 안에서는 부글부글 폭발을 안 하지?"

 36개월 윤호는 민망한 웃음을 보이며 미안하다는 말부터 꺼냈지만, 진짜 본심은 뒷말에 있었다. 주변에 발포비타민과 색소, 물, 시험관, 손전등이 나뒹굴고 있는 것을 보니 전날 같이 했던 '라바램프' 실험˚을 한 모양인데, 시험관 대신 키친타올심을 세워두고 기름을 부었다가 사달이 난 것이다.

시험관과 똑같은 원기둥 형태여서 괜찮다고 생각했는지, 속이 들여다보이고 안 보이고의 차이를 보려고 했는지 의도는 알 수 없었지만, 바닥이 뚫린 키친타올심 안으로 발포비타민을 넣어두고 제 딴에는 진지하게 실험에 임했을 모습이 그려져 웃음이 났다. 설사 키친타올심 바닥이 막혀 있다 해도 식용유와 물을 부으면 젖어서 흐물흐물해진다는 걸 예상하지 못했다니. 평소 실험하는 걸 좋아하고 점탄성, 중력, 밀도, 표면장력 등을 운운하며 꽤 많은 걸 이해하고 있다고 생각했는데 아직 아기구나 싶었다. 우리는 이날 걸레를 하나씩 들고 미끄덩거리는 거실 바닥을 닦고 또 닦았다.

돌이켜보면 아이의 자발적인 실험은 매일 세 시간씩 욕실을 물감 범벅으로 만들던 돌쟁이 시절부터였던 것 같다. 처음엔 수도꼭지에 표시된 색깔을 관찰했다가 빨간색 물은 온수, 파란색 물은 냉수라며 색깔물을 만들어 내밀었고, 어느 날은 모든 색깔에 흰색을 섞어보며 "우유와 만나니 색깔이 연해지네?"라고 표현했다.

색깔들을 혼합해 물감통에 없는 새로운 색을 만드는 건 아이의 오

* 발포비타민이 물과 만나 이산화탄소를 생성하고, 이산화탄소가 물과 기름의 밀도 차이 때문에 오르락내리락하는 모습이 마치 용암(lava) 같다 하여 이름 붙여진 실험.

랜 즐거움이었다. 나도 다급한 일이 아니라면 두 시간이든 세 시간이든 코앞에 마주 앉아 아이의 눈과 손을 따라가며 생각의 흐름을 유추하곤 했다. 아이를 가만히 관찰하고 있으면 손짓, 몸짓 어느 것 하나도 무의미한 행동이 없었다.

한 번은 늦은 밤 양치하기로 해놓고는 세면대에 물을 가득 받아둔 채 멍하니 서 있길래 물마개를 툭 누르며 말했다.

"늦었으니 얼른 양치하고 잘까?"

그런데 아이가 원망 섞인 눈빛으로 "엄마!" 하는 것 아닌가. 아뿔싸! 나는 반사적으로 물마개를 막았다. 아이에게 묻지도 않고 물을 내렸으니 일단 내 불찰이었다.

"엄마가 미안."

"휴, 그래도 물이 남아서 다행이다. 엄마, 이거 봐봐? 후~ 불면 물이 패여. 그리고 물이 거의 다 내려갈 때쯤에 토네이도가 생겨. 회오리 봤어?"

아이 키 높이에서 바라보면 좀 다른가 궁금해질 정도로 아이는 하얀 세면대에서 어른들은 보고도 눈치채지 못했을 토네이도와 파도를 발견하고 희열을 표현했다.

네 살이 되자 아이는 욕실을 '윤호실험실'로, 부엌을 '만들기사무실'로 부르기 시작했다. 그해 여름 이사했을 때 가장 먼저 정리한 곳도 욕실이었고, 지금도 여전히 목욕용품보다 물감, 스포이드, 붓, 집게, 비커, 주사기, 계량컵, 비눗방울, 물풍선, 펌프, 식용색소, 분무기, 이쑤시개 등 아이의 실험도구가 훨씬 많은 지분을 차지하고 있다. 놀이가 끝나면 얼룩진 옷에 과탄산소다를 뿌려 물에 담가두는 것도 아이 몫이다.

처음엔 14평 작은 집에서 아이가 제약 없이 놀 수 있는 공간이 욕실밖에 없어서 그곳을 활용했다. 튀거나 묻었을 때 바로 뒤처리가 가능하다는 장점도 있었다. 아기 땐 벽은 물론이고 변기 뚜껑, 세면대까지 빈틈없이 물감으로 그득그득 칠해놓는 게 일상인 범벅 전문이라 SNS에서도 농담 삼아 '미대오빠'라고 자주 적었지만, 시간이 갈수록 아이의 관심은 '그리기'나 '미술' 분야가 아니라 눈에 띄는 변화가 있는 퍼포먼스에 집중되는 듯 보였다. 그래서 자연스럽게 과학실험과 마술에까지 아이의 시선이 닿았던 것이다. 여러 책 중에서도 과학동화를 가장 반복해서 읽었고, 책에 나오는 실험은 무조건 해봐야 직성이 풀렸다.

화산폭발 실험부터 멘토스 콜라 실험, 드라이아이스 실험, 달걀 잠수함, 표면장력 실험, 모세관 현상, 보드마커 그림 물에 띄우기, 재생종이 만들기, 풍선 실험, 토네이도 만들기, 기저귀 흡수체로 사라지는 물, 달걀 탱탱볼, 페트병 샤워기, 전분으로 우블렉 만들기, 정수기 만들기 등이 소개된 실험책은 아이에게 매력적인 뷔페였지만, 책에 소개된 정해진 실험은 에피타이저에 불과했다. 갑자기 거실 바닥에 식용

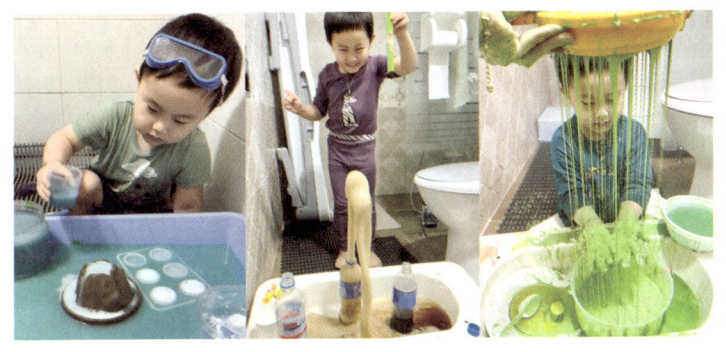

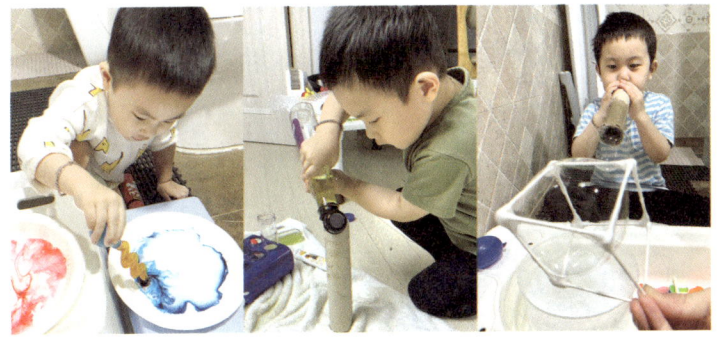

자기만의 '실험실'에서 아이는 온갖 '진지한 탐구놀이'를 한다.

유를 부어대듯 응용하기 시작하면 도무지 예측 불가였고, 그때부터 나는 관객이 되어 구경했다.

 네 살 어느 날부터는 엄마의 도움도 필요 없는지 설거지를 하다가 불현듯 조용해져 돌아보면 혼자 욕실에 들어가 휴지심을 비눗방울 용액에 찍어 비눗방울을 불고 있거나(의외로 잘 불어졌다) 기저귀 흡수체가 물을 먹고 점점 부풀어 오르는 걸 보고 휴지를 잔뜩 찢어 물에 담가두고는 "하룻밤 지나면 부풀어 오르겠지?"라며 소중히 다루고 있었다. 풍선이 터지기 직전까지 물을 가득 담아 묶고는 이쑤시개로 터뜨리는 장면을 슬로모션으로 촬영해달라고 하는가 하면, 에어로켓 발사대에 로켓 대신 무지개 색깔 풍선 7개를 낑낑거리며 겹쳐 끼우곤 왜 무지개 풍선은 발사되지 않느냐고 묻기도 했다. 풍선에 구멍을 내서 잘 나가는 물총을 스스로 만들어내기도 했다.

실험이라며 물감을 한 통 다 짜내기도 하고, 세면대에 물을 받아 비누를 빠뜨리고는 녹는 과정을 참을성 있게 지켜본 적도, 수정테이프 전체를 다 뽑아버린 적도 있다. 자주 있어서는 안 되지만 정 원한다면 한 번은 허락했다. 편견 없이 상상하고 관찰하는 즐거움을 막고 싶지 않았다. 물론 실험이 다 끝난 뒤에는 자주 해서는 안 되는 이유를 설명해주었다.

부대시설 많은 아파트 단지도 넓은 빌라도 아니지만, 아이는 자그마한 윤호실험실로 충분히 행복해했다. 집에서 아이가 가장 많이 웃었던 곳도 어쩌면 욕실이 아니었을까. 작은 대야에서 목욕하던 아기가 몸도, 생각도 자라 어느덧 커다란 욕조에서 전분 5kg과 함께 첨벙대는 모습을 보고 있자니 만감이 교차한다. 아이가 크면 실험실 운영도 뜸해질 날이 올 텐데, 벌써 조금 아쉽다.

몰입이 불러온 무궁무진 알파벳 세계

"엄마가 영어 환경에 노출시켜 주었나요?"
"어떻게 아이가 알파벳을 저렇게 좋아할 수 있어요?"
"알파벳에 빠진 특별한 계기가 있나요?"

알파벳에 흠뻑 취한 32개월 아이 모습에 엄마들의 SNS 메시지가 갑자기 늘었다. 나는 여느 때처럼 아이의 일상을 기록했을 뿐인데 반응이 대단했다.

그 시기 아이의 일상은 24시간 알파벳으로 가득했다. 알파벳으로 할 수 있는 게 그렇게 많을 줄 나 역시 상상하지 못했다. 한번 몰입하면 어디까지 뻗어 나갈지 끝을 알 수 없는 아이여서, 알파벳 이전에도 관심사가 생기면 며칠이든 몇 달이든 본인이 충분히 만족할 때까지 반복 또 반복하며 본인의 개성대로 놀이를 만들고 확장해 나갔다. 예전에도 그런 일상을 똑같이 공유했는데, 이번에는 대상이 알파벳이다 보니 영어교육에 대한 엄마들의 관심이 터져 나온 듯 유독 반응이 컸다.

결론부터 말하면 내가 주도적으로 영어교육을 한 게 아니다. 유명하다는 유아용 영어교재를 구매한 적도, 영어 음원 CD를 들려준 적도 없다. 집에 있는 거라곤 영어로 된 그림책 몇 권이 전부였다. 그런데 이번에도 우연히 본 동영상이 계기가 되었다. 외국인 아이가 파닉스송에 맞춰 집안 곳곳에 숨겨진 알파벳을 찾아 퍼즐매트에 끼워 넣는 동영상이었는데, 그게 윤호에게 인상적이었던 모양이다. 며칠을 반복해 영상을 보더니 파닉스송을 외워버렸고, 종이로 큰 알파벳을 만들어달라더니 동영상 그대로 재연하기 시작했다. 내가 먼저 아이의 놀이를 계획할 수는 없지만, 아이의 관심사가 확인되면 그 즉시 실행할 수 있도록 도와주는 것이 내 역할이었다.

알록달록한 알파벳 퍼즐매트를 구매할 생각은 전혀 없던 터라, 처음에는 버리기 직전인 퍼즐매트에 알파벳을 그려 잘라주었다. 그것만 가지고도 아이는 밤낮없이 파닉스송을 부르며 알파벳 찾기에 즐겁게 매진했다. 아이가 노래를 부르며 알파벳을 다 찾으면 나는 또다시 집안 곳곳에 알파벳을 늘어놓았다. 눈 떠서 잠들 때까지 온종일 이것만

한 적도 있다.

"A is for Apple, A A Apple ⋯ G is for Glasses ⋯ U is for Umbrella ⋯ Y is for Yoyo ⋯ Z is for Zebra Z Z Zebra. Yeah!"

노래를 반복할 때마다 연출도 점점 정교해졌다. G 옆에는 선글라스, U 옆에는 우산, X 옆에는 실로폰을 놓는 등 실물을 매칭하기 시작했다. 파닉스송 버전도 점점 다양해졌다. 'V is for Violin'이던 가사는 'Vacuum(청소기)'으로 바뀌고 'R is for Rainbow'는 'Radish(무)'로 바뀌었다. 나중엔 우리도 결국 알록달록한 알파벳 퍼즐매트를 구입했다.

밥을 먹다가도 한 입 베어 문 동그랑땡이 알파벳 C를 닮았다며 까르륵 웃고, 잠깐만 쉬자고 하면 양 손가락을 합쳐 알파벳을 만들어댔다. 심지어 자다가도 허공에 손을 뻗어 알파벳을 그리는가 하면 잠결에 벌떡 일어나 앉더니 파닉스송 한 구절을 부르고는 다시 눕기도 했다. 아이는 그때그때 눈에 보이는 것으로 어떻게 해서든 알파벳을 탄생시켰다. 점토나 슬라임으로 알파벳을 만드는 건 기본이고 도로테이프, 마스킹테이프, 양면테이프 등 각종 테이프를 잘라 알파벳을 만들었다. 도미노를 세우거나 각종 블록들을 합쳐 커다란 입체 알파벳을 만들기도 하고, 젓가락이나 철사를 이용하기도 했다.

아이 수준에서 다양한 시도를 하는 게 신기해서 넋 놓고 구경하다가 야광 모루철사로 알파벳을 만들어놓고 블랙라이트를 비춰보게 하는 등 괜찮은 놀이 아이디어가 떠오르면 나도 신나서 손을 보탰다. 바람 넣은 요술풍선으로 강아지를 만들듯 알파벳도 만들어달라는 아이의 요구에 당황스럽기도 했지만, 나의 대답은 '일단 해보자'였다. 불가능은 없었다. 하다가 멈추는 한이 있더라도 일단 아이의 생각대로 시도해보면, 아이는 본인의 아이디어를 엄마가 수용해주는 것 자체가 즐거워 더 새로운 방식을 찾아내려고 궁리했다.

늘 즐겁기만 했던 건 아니다. 한 번은 스티커 위에 색모래를 뿌려 정해진 도안이 나오도록 하는 샌드아트를 보더니 그 후로 무슨 일이 있어도 알파벳으로 해보고 싶다고 웃으며 졸라댔다. 아무리 검색해도 시중에 파는 도안 중에 알파벳은 없었다. 결국 그날 밤 A4 라벨지에 대/소문자를 그려 아이가 접착면만 떼어낼 수 있도록 일일이 커터칼로 자르는 노동을 해야 했다. 사방에 뿌려진 색모래와 반짝이 가루를 치우는 건 덤이었다.

무서운 꿈을 꿀까 봐 두려워하던 어느 날은 새벽 1시까지 알파벳 찾기를 하며 버티다 잠이 들더니 새벽 3시에 다시 일어나 알파벳 색칠을 했고, 잠깐 졸다가 새벽 5시에 일어나 알파벳과 인사했다. 그때마다 엄마가 곁에 있어주는 건 당연했다. 잠을 많이 못 자는 것도, 내 피곤도 문제지만 그것과 아이의 몰입은 별개였고, 어쩌면 몰입할 게 있어서 그나마 악몽을 꿔도 덜 불안해하는 건지 모른다고 생각했다. '이것도 한때겠지. 언젠가 그리워질 날이 오겠지.' 파닉스송에는 질려버린 지 오래지만 아이의 행복한 얼굴은 봐도 봐도 봐도 질리지 않았다.

그렇게 몇 달간 알파벳 나라에서 살더니 34개월 즈음이 되자 사인펜을 들고 혼자 알파벳을 종이에 써 내려가기 시작했다. 대문자, 소문자도 완벽하게 알고 있었다. 영어로 말하고 싶다더니 어느덧 노래하며 익숙해진 짧은 문장을 내뱉기도 했다. 사람들은 물 들어올 때 노 저으라며 각종 영어교재와 유명한 영어유치원을 소개해주었다.

솔깃하지 않았다면 거짓말이다. 하지만 애써 듣지 않으려 노력했다. 엄마가 그렇게 하는 순간 흥미가 반감되는 아이라는 걸 알기 때문이다. 대신 예전에도 그랬던 것처럼, 알파벳 나라에서 아이의 욕구가 충분히 채워지고 난 다음의 여행지는 또 어떤 미지의 세계일지 기대하고 궁금해하기로 했다.

알파벳을 만드는 1001가지 방법

조기교육하는 마음으로 청소도 정리도 즐겁게

욕실에서 매일 세 시간씩 사방팔방 물감 파티를 벌이고 나면 아이 목욕 따로, 욕실 청소 따로 나눠서 할 수가 없다. 한바탕 펼쳐놓은 형형색색 물감들과 각종 도구를 놔둔 채 아이만 씻기면 남편이 퇴근해 귀가할 때까지 청소시간을 확보할 수조차 없으니까. 낮잠도 건너뛴 채 자정이 넘을 때까지 상호작용을 원하는 아이였고, 잠시 엄마랑 떨어져 있는 사이 천장에서 또르르 굴러가는 소리만 나도 머리털이 바짝바짝 서는 불안도 높은 아이라 혼자 놀게 두고 욕실에 들어가는 건 애초에 불가능했다. 운 좋게 낮잠이 들면 바로 옆에 누운 채 얼음처럼 있어야지, 자세라도 바꿀라치면 그대로 깨버리기 일쑤였다.

즉 혼자 무언가를 할 수 있는 여건이 아니었다. 혼자서도 가만히 앉아 잘 논다는 다른 집 아이와 비교해봐야 상황이 달라지는 것도 아니고. 내 성격으로 말하자면 내 의지로 바꿀 수 있는 게 아닐 때는 포기가 빠른 편이다. 아이의 성향을 파악한 뒤로는 뭐든 혼자서 후다닥 해보려는 마음 자체를 비웠던 것 같다.

'뭐든 같이 하자. 조기교육이라 치고.'

정리도 청소도 아이와 함께하려면 아이가 이 행위를 즐거워해야 한다. 그래서 '놀이 끝, 정리 시작'의 느낌은 가급적 주지 않으려 했다. 정리까지 놀이에 포함된 것처럼 느껴지도록 자연스럽게 넘어가는 게 핵심이었다. 정리, 청소에 대한 이미지가 강요나 재미없는 것으로 심어지면 나중엔 안 하려고 할 테니까.

물 흐르듯 과정을 이어가려면 한 수 앞을 내다보며 움직이는 게 관건이었다. 물감놀이가 마무리되는 듯하면 군데군데 거품을 묻혀 물감이 금세 씻겨 내려가도록 밑작업을 해두고 날마다 도구를 바꿔가며 함께 문질렀다. 커다란 페인트 붓이나 손으로 타일 표면을 쓸기도 했다. 그중 아이는 새 청소솔로 문지르거나 샤워기를 들고 직접 타일을 향해 쏘는 걸 가장 좋아했다. 샤워기에 물벼락은 몇 번 맞았지만 아이랑 같이 씻고 개운하게 나가면 되니 상관없었다. 아이랑 집에서 뭐 하면서 보내냐고, 시간이 너무 안 간다고 고민만 하지 말고 해보시라고 여러 번 추천했지만, 막상 실행에 옮기는 사람은 많지 않아 보였다.

물감은 그렇다 치고, 어느 순간부터 여기저기 널려 있는 블록들이 거슬리기 시작했다. 특히 가베라 불리는 은물 세트를 중고로 들인 뒤로는 작은 조각들이 어찌나 굴러다니는지, 색깔도 알록달록, 크기도 제각각이라 놀고 나면 정리하는 시간이 배로 걸렸다. 이제는 놀잇감 정리도 습관을 들여야겠다고 생각했다. 물론 이것도 '숙제'처럼 느끼지 않도록 첫인상을 즐겁게 해주고 싶었다.

"윤호야, 지금부터 이거 누가 빨리 담나 내기하자. 준비, 시작!"

정리인 줄도 모르고 아이는 물건 제자리에 담기 시합에 열렬히 임했다. 져주기도, 이기기도 했다. 몇 번 하고 나니 아이는 이제 그만하겠다며 뒤로 빼기 시작했다. '눈치 빠른 녀석. 힘든가 보다.'

그렇다면 솔직하게 가르쳐보기로 했다. 단, 이때도 너무 진지하지 않도록 하는 게 포인트다.

"이제부터는 놀이 다 끝나면 우리가 같이 정리하는 거야. 그런데 만약 힘들고 귀찮아서 안 하잖아? 그 사람은 다음에 못 노는 거야. 정리한 사람만 노는 거다. 알겠지?"

"좋아!"

혹여 블록놀이를 실컷 하다 아이가 방으로 사라지면 한참 지켜보다 말했다.

"엄마는 다음에 블록놀이 또 할 거니까 내가 다 담아야지!"

"윤호도, 윤호도!" 아이는 금세 뛰어나와 조금이라도 정리에 합류했다.

"엄마 혼자 다 하려고 했더니 어쩔 수 없이 같이 놀아야겠네."

"훗, 당연하지. 엄마 혼자 놀 수는 없지!"

하루는 잔뜩 어질러진 거실과 방을 정리하는데 조용히 다가와 묻는다.

"혹시 나중에 혼자만 놀려고 청소하는 거야? 오늘만 엄마가 우리 셋(아빠까지) 다 같이 놀 수 있게 치워주면 안 돼요?"

애교 섞인 물음에는 인심도 후하게 써주었다.

"좋아. 오늘은 엄마 혼자 싹 치워주지만 그래도 우리 셋 다 같이 놀 수 있게 해줄게."

"우와, 고마워요! 엄마."

아이가 먼저 이렇게 물어볼 정도면 이미 마음속에 '정리'에 대한 인식이 어느 정도 뿌리를 내렸다는 방증일 테다. 처음 규칙을 만들 땐 긍정적인 이미지가 마음에 새겨지도록 하되 확실하게 가르치고, 어느 정도 아이에게 메시지가 전해졌다는 생각이 들면 융통성을 발휘했다. 단단한 돌침대보다는 적절한 쿠션감 있는 매트리스가 좋으니까.

한 살이라도 어릴 때 가르치는 건 '말'이 아닌 잔잔하게 스며드는 '일상'이 뒷받침되어야 한다는 걸 매 순간 절감한다. 모든 걸 생활로 보여주는 건 사실 매우 어렵지만, 일정 궤도에 오르기까지가 어렵지 그다음부터는 수월하다.

집안일은 가족 구성원으로서 자연스럽게 참여할 수 있게 유도하기.

아이와 소통하는 과정이 귀찮다고 후다닥 엄마 혼자 장난감을 치워줬다가는 나중엔 장난감에 여기저기 벗어놓은 옷가지들, 그리고 늘 늘어나는 쓰레기 청소까지 엄마가 다 감당해야 하는 극한 상황을 맞이하게 될 것이다. 어릴 때부터 본인 물건은 본인이 정리하는 게 숨쉬는 것처럼 당연해지도록 가르치는 것이 아이에게도, 엄마에게도 최고의 세 살 버릇이 아닐까. 아, 미래의 가족에게도.

아이 마음 다 알지만 귀찮은 엄마들에게

"누나, 눈싸움하러 가자."

때는 이사한 지 얼마 되지 않은 겨울 저녁, 동생은 전학한 학교에 적응하지 못해 자퇴하고 검정고시를 보겠다고 주장하던 당돌한 아홉 살 초등학생이었다. 눈싸움이 조금도 하고 싶지 않았던 스물두 살의 나는 거실에 엎드려 휴대폰을 만지작거리며 입으로만 알겠다고 대답했다. 두툼한 패딩에 목도리까지 두르고 얼른 나가자고 재촉하는 동생에게 나는 털장갑만 끼면 금세 젖어서 동상 걸린다며 있지도 않은 방수장갑 타령을 해댔다. 나는 느릿느릿 상체를 일으켰고 엄마는 급한 대로 털장갑 안에 위생장갑을 여러 장 겹쳐 끼워주며 한마디 던지셨다.

"함박눈도 아니고 진눈깨비야. 갈 거면 그만 뭉그적대고 빨리 갔다 와."

'그래, 진눈깨비면 어차피 놀지도 못할 텐데 차라리 나가기 전에 그쳐버려라.'

속마음을 있는 대로 티 내며 엉거주춤 신발을 신는데 방금까지 흩날리던 눈이 정말 비로 변해 있었다. 우리는 안다. 어차피 땅에 닿자마자 녹아버리는 진눈깨비로는 눈싸움도, 눈사람 만들기도 제대로 할 수 없다는 것을. 하지만 눈싸움이 대수랴. 흩날리는 눈을 보고, 그 안에 있는 것 자체로 아홉 살 아이에겐 행복이었을 것이다.

현관문을 열어보지도 못한 동생은 땀이 찬 위생장갑을 홱 던져버리고는 말없이 거실 구석에 앉았다. 눈에는 눈물이 고여 흐르기 직전이지만 입술을 꽉 깨물고 애써 참고 있었다.

실망과 섭섭함으로 뒤덮인 얼굴은 그날 이후 20년 가까이 나를 따라다녔다. 눈 속에서 뛰어놀 상대가 작은누나밖에 없던 아이에게 알았다고 대답만 하면서 귀찮은 티 팍팍 내는 누나의 능청은 얼마나 치사하고도 간절했을까. 생각할수록 미안하고 마음이 아팠다. 이제 동생은 기억조차 못할 장면일지 몰라도 나에게는 그랬다.

막둥이가 태어난 후 부모님은 사업 실패로 자주 다투셨고, 계속되는 아빠의 부재와 여러 어려움이 맞물리는 바람에 동생은 정서적으로 풍요롭지 못했다. 결핍이 있었다. 하지만 예민한 기질의 동생을 정서적으로 다독여줄 여유는 가족 누구에게도 없었고 시간이 지나면 적당히 아물겠거니, 적당히 괜찮아지겠거니 생각했다. 누나들도 입시며 취업 준비로 제 코가 석 자였다. 동생은 표현하지 않았고 외로운 시간을 외로운 줄도 모른 채 견뎌내다가 사춘기 때 마음의 문을 닫아버렸다. 시간이 흐르고 공부가 쌓인 뒤에야 그 시절 내가, 우리가 무엇을 잘못했는지 깨닫고 후회할 뿐이었다. 영유아기의 동생 마음을 헤아릴 혜안이 있었다면, 정서를 보듬어줄 여유가 있었다면 얼마나 좋았을까.

어떻게 윤호가 매일 물감놀이로 집을 난장판으로 만들어도 화내지 않고, 하루 종일 야외에서 유격훈련하듯 뛰고 와서는 새벽에도 깨우는 아이에게 버럭하지 않을 수 있냐고 많이들 물어보신다. 힘들었다. 이불을 입에 물고 조용히 울어버린 날도 있다. 청각 예민보스가 바로 옆에 있으니 우는 것도 한 자세로 꼼짝 말고 울어야 했다. 그럼에도 화내지 않은 이유는 분명하다.

첫째, 버럭하면 후유증이 더 길어진다는 걸 경험을 통해 체득했다. 둘째, 후회하기 싫었다. 셋째, 몇 년이 걸리든 '지금' 실천해야 아이가 정서적으로 안정되게 자랄 수 있고, 그래야만 언젠가 나도 나의 인생을 살아갈 수 있다고 믿었다. 아이의 정서적인 뇌는 자라는 시기가 정해져 있는 반면 내 자아실현은 조금 미루어도 도망가지 않을 테니까. 엄마로 살아가는 지금의 하루하루를 후회 없이 불태우겠노라는 의지의 선택이었다.

나는 화가 날 때면, 이 상황에 화가 나는 진짜 이유가 무엇인지를 먼저 생각해본다. 예컨대 비 오는 놀이터에서 노는 아이에게 엄마들이 버럭하는 진짜 이유는 비에 젖은 운동화 빨래를 피하고 싶은 '귀찮음'과 추위에 감기라도 걸리면 밤새 열 보초를 서야 하는 '고단함'일지 모른다. 타인의 시선을 의식한 '부끄러움'일 수도 있다. 이 진짜 마음을 어물쩍 뭉개고 넘어가려다 보니 아이에게 마땅한 이유를 설명하지 못해 괜히 더 큰 소리로 제압하게 되는 건 아닐는지. 화를 내기 전에 화가 나는 진짜 이유를 냉정하게 들여다보면 아이가 원인이 아닐 때가 더 많다.

털장갑에 위생장갑을 겹쳐 끼고 서 있던 동생이 떠오를 때마다 다짐했다. 돈이 없어 해줄 수 없는 게 아니라면 내가 할 수 있는 일을 절대 미루지 않겠노라고. 치우기 어려운 촉감놀이를 해주고, 물감 범벅이 되도록 놀아주어야 좋은 엄마라는 의미가 아니다. 비 오는 날 놀이터에서 얼른 집에 가자고 눈으로 레이저 광선을 쏠 게 아니라 같이 우비를 입고 뛰어놀 때면, 한파에 여름 샌들을 신겠다는 아이에게 화내지 않고 그 취향 멋있다고 말해주는 마음의 여유가 있을 때면, 그런 날일수록 아이는 '엄마가 최고'라고 치켜세워 주었다. 까짓거 신발 하나 조용히 더 챙기면 그만 아닌가. 잔뜩 고집부려봐야 1분 만에 춥다고 갈아신을 텐데, 한번 경험하고 나면 그 뒤로는 한겨울에 여름 샌들 신겠다는 고집도 끊어질 텐데. (여담이지만 비 오는 날 놀이터는 아무도 없어서 아이랑 둘이 우비 입고 물총 들고 나가면 우리만의 세상이 따로 없다. 주변에 권해보기도 했지만, 비 오는 놀이터는 여전히 휑하다.)

아울러 잘못했을 땐 변명 없이 사과하는 것도 연습했다. 스물두 살의 나는 날씨가 공교롭게 안 따라준 걸 어쩌겠냐며 다음에 눈이 오면 신나게 놀자는 기약 없는 약속으로 끝을 맺었다. 속상하겠다며 아이의 마음을 알아준다거나 누나가 늦게 준비해서 미안하다는 사과는 한마디도 하지 않았다.

지금 윤호가 같은 상황에서 "엄마, 눈싸움하러 나가요"라고 했다면 어떨까 생각해본 적이 있다. "저 눈은 비가 섞여서 눈싸움은 할 수 없을 텐데 그래도 괜찮겠어?" 하고 물었을 것이고, 아이가 그래도 괜찮다고 하면 지체없이 패딩점퍼를 걸쳐 입고 나갔을 것이다. 이토록 간단하게 끝날 일이다. 그러나 과거의 경험이 없었다면 동생 대신 아들을 놓고 후회거리를 생산하고 있을 게 분명하다. 그리고 내 아이에 대한 후회는 동생에 대한 그것보다도 훨씬 마음 아릴 것이다. 그래서 더욱 주어진 오늘에 최선을 다하고 싶었다.

겨우 48개월 지났을 뿐인데도 유치원에 다녀오면 그 길로 미술, 체육 등 학원까지 다니는 아이들이 많다. 그러느라 같이 놀러 갈 시간도 없다며 아기 때 좀 더 안아주지 못한 것이, 더 놀아주지 못하고 귀찮아했던 것이, 좀 더 데리고 다니지 않은 것이 후회된다고 엄마들이 말한다.

혹시 과거의 어느 날 말고 오늘 하루는 후회할 일이 없었느냐고 묻고 싶다. 코로나19 이후로 그동안 당연하게 누려온 일상이 얼마나 소중한 것인지 새삼 알게 되었듯, 아이가 놀아달라고 귀찮게 하는 이 시간도 언제까지나 누릴 수 있는 게 아닐 것이다.

엄마의 하루는 너무 바쁘지만, 더 늦기 전에 하루만 집안일을 외면하고 아이와 똑같은 네 살, 다섯 살이 되어 놀아보라고 말해주고 싶다. 놀아주는 것 말고 함께 놀아보라고. 아이는 전에 없던 함박웃음으로 보답해줄 텐데. 문득문득 떠올릴 때마다 미소가 지어질 만큼 행복한 그 모습을 위해서라면, 하루쯤은 집안일 좀 모른 척해도 되지 않을까. 아이도 어쩌면 그 하루의 신나는 기억으로 1년, 10년을 살아갈 힘을 얻을지 모르니 말이다.

동영상도 그저 놀이의 하나

미디어를 대하는 태도

 '책 육아'라는 말은 있어도 '미디어 육아'라는 말은 들어본 적이 없다. 소아정신과 의사들은 가능하면 최소 24개월까지는 아이에게 스마트기기를 주지 말라고 당부한다. 나 역시 그 의견에 충분히 동의한다. 뇌 발달이 급격히 이루어지는 영유아 시기에 모든 주의를 빼앗긴 채 화면만 넋 놓고 바라보는 건 최악이다. 실제로 이른 개월 수 아기들에게 동영상만 틀어준 채 방치하면 발달상의 문제가 생기기도 한다.
 다만 아이에게 미디어를 차단하고 있다면 우선 두 가지를 묻고 싶다.
 첫째, 어른의 미디어도 차단하는가?
 둘째, 미디어는 노출하지 않지만 힘에 부쳐 짜증을 내진 않는가?

나 또한 어른용 미디어를 아이에게 노출하지 말자고 출산 전부터 남편과 의견 일치를 보았다. 갓난아기 시절부터 드라마, 영화, 게임은 물론이고 CF 영상조차 아이에게 보여주지 않았다. 아이가 보든 안 보든, 배경으로 켜두는 것만으로도 아이에게 영향이 간다는 걸 알고 있어서 할머니 댁에 가도 TV는 켜지 않았다. 그래서 출산 직후부터 벽걸이 TV는 장식품이었고 남편은 보고 싶은 게 있으면 PC나 휴대폰의 작은 화면으로 만족해야 했다. 그 외 아이의 미디어 차단에 대해서는 따로 계획하지 않았다. 모든 것이 스마트기기로 이루어지는 세상에서 미래 세대에게 IT 기기를 차단하는 것은 어차피 불가능할 테니 처음부터 잘 조절할 수 있게 허락하고 싶었다.

게다가 서너 살 아이와 딱 이틀만 같이 있어보면 현실을 실감하게 된다. 아이가 미디어를 거부해도 제발 동영상 한 번만 봐달라고 사정하고 싶은 나를 발견하게 된다. 어차피 보여줄 거라면 지혜롭게 보여주는 게 어떨까. 미디어를 노출해도 아이는 동영상을 보며 스스로 조절하는 경험을 쌓을 수 있고, 그걸 소재로 부모와 더 많은 상호작용을 할 수도 있다. 미디어 노출은 싫고 아이랑 어떤 놀이를 해야 할지 도무지 모르겠다면 엄마 혼자 놀이 소개 동영상을 시청했다가 활용해도 된다.

호기심 많고 활동량도 많은 데다 잠은 두어 시간씩 할부로 끊어 자는 아이다 보니, 머리라도 감고 외출하려면 20분이라도 아이를 가만히 앉혀두어야 했다. 잠시라도 눈을 뗐다간 무슨 사고가 터질지 모르는 일. 노래 위주로 들려주던 윤호에게 14개월경 EBS 유아용 동영상을 처음 보여주었다. 〈타요〉나 〈뽀로로〉 같은 애니메이션이 아니라 실제 사람이 율동을 하고 모양, 색깔 등에 대해 알려주는 15분짜리 동영상이었다. 그럴 때도 다급한 상황이 아닌 한 동영상 앞에 아이만 놔두고 자리를 뜨지는 않았다. 머리를 감으면서도 동영상에 나오는 장면에 대해 아이와 계속 대화를 나누었다. 율동은 함께 따라 했고 아이가 어느 장면에 크게 반응하는지, 어떤 걸 뚫어져라 보는지 관찰하며 아이의 관심사를 좇았다.

동영상 보는 것이 익숙해지니 먼저 보여달라고 요구할 때도 있었다. 그럴 땐 흔쾌히 허락했고, 아이가 좋아하는 놀이를 생각해두었다가 15분 영상이 끝나면 자연스레 관심을 돌릴 수 있도록 분위기를 유도했다.

"어, 끝났네? 우리 이제 같이 손도장 놀이할까?"

"응, 응!"

아이에겐 동영상이 특별한 게 아니었다. 그저 여러 놀이 중 한 가지일 뿐이었다. 아무리 동영상이 켜져 있어도 아이는 엄마와 직접 상호작용하며 노는 시간을 더 좋아했다. 둘 중 하나를 고르라 한다면 미디어는 관심 밖이었다.

내 의도 역시 그랬다. 하나만 보여줄 거라는 둥, 밥 잘 먹어야 보여줄 거라는 둥 조건을 잔뜩 내걸며 엄마가 다른 놀이와는 어딘가 다른 반응을 보이면 그 순간부터 아이에게 동영상은 더 특별한 존재가 되지 않을까? 더 궁금하고, 더 보고 싶어지지 않을까? 그러니 태연하게 받아주되, 15분이 30분이 되고 한 시간이 되지 않도록 조절하는 건 내 몫이었다. 동영상에 특별대우를 하지 않았더니 아이는 내가 10분만 더 봐달라고 붙잡아도 본인이 하고 싶은 놀이가 떠오르면 영상은 거들떠보지 않고 거실로 나가버렸다.

씻고 오거나 잠시 혼자 두어야 할 때 관련 동영상이 자동으로 재생되지 않도록 기기에 다운로드된 상태로 주었고, 보는 것보다 조작을 원할 땐 키즈유튜브 앱을 실행해주었다. 그것이 혹시 모를 자극적인 썸네일로부터 아이를 보호할 수 있는 최선이었다. 스쳐 지나듯 본 썸네일 한 장면으로도 아이는 몇 날 며칠을 공포에 시달릴 수 있기 때문이다. (일반 유튜브를 아이에게 그냥 건네주는 경우를 종종 보는데, 그러면 아이들이 시도 때도 없이 나오는 자극적인 광고영상에 고스란히 노출된다. 심지어 광고영상 5초 보고 '스킵하기'를 누르는 게 자연스러운 아이도 보았다. 이런 경우라면 차라리 광고가 나오지 않는 유료회원이 되는 건 어떨까 싶다. 개인적으로는 5초의 광고가 어린이 콘텐츠 50분보다 훨씬 유해하다고 생각한다. 키즈유튜브 앱이라고 무조건 안심해서도 안 된다. 키즈 콘텐츠로 분류만 되어 있을 뿐 은어를 무분별하게 사용하는 크리에이터도 많으니 엄마가 미리 확인해보거나 여의치 않으면 꼭 아이와 함께 시청하기를 권한다.)

키즈유튜브 앱을 실행해서 얻은 최고의 수확이라면 아이의 취향을 일찍 발견한 것이다. 두 돌이 갓 지난 윤호는 어눌한 발음으로 어린이 과학실험 동영상을 똑같이 재연하며 자기만의 놀이를 만들고, 놀이의 새로운 소재를 발견하는 용도로 미디어를 활용하고 있었다. 나는 이런 콘텐츠가 존재하는지조차 알지 못했지만 아이는 수많은 이미지를 넘기다가 본인이 원하는 걸 골랐다. 아이의 선택을 잘 관찰해 공통점을 찾으면 아이의 관심사를 알아낼 수 있고, 그 관심사를 따라가면 아이가 몰입하는 주제가 나타났다.

종이접기 동영상에 심취했을 때는 색종이를 펼쳐놓고 30분이 넘도록 집중해서 볼 때도 있었지만, 적당히 마무리되어 가면 '두 번만 더' 규칙을 적용해 아이가 스스로 조절할 수 있도록 유도했다. 그런 다음 정말 동영상 두 편만 더 보고 정지 버튼을 누르는 세 살 윤호에게 말해주었다.

"너무 재밌었지. 어른들도 영상 볼 땐 재밌어서 두 개만 보고 끄기가 정말 어렵거든. 아쉬웠을 텐데 약속 지켜줘서 고마워. 정말 대단한 거 해준 거야."

아이에게 미디어는 절대 노출하지 않겠다는 확고한 신념은 박수받아 마땅하다. 그런데 아이 눈앞에 태블릿PC가 없는 대신 폭력적이고 자극적인 19금 드라마가 BGM처럼 틀어져 있다면, 혹은 아이 앞에서 고성의 부부싸움이 자주 벌어진다면, 책 육아와 독후활동을 매일 실천하지만 실상 아이에게 소리 지르고 짜증내는 시간이 8할이라면, 나는 그들에게 차라리 키즈용 콘텐츠를 보여주는 편이 훨씬 낫다고 말해주고 싶다. 솔직히 유튜브를 안 보여주던 엄마들도 아이가 네 살만 되면 갑자기 영어 콘텐츠에 관대해지거나, 패드형 학습지는 하나씩 구매하는 것이 현실 아닌가.

진짜 멋진 생각인데?

놀이 속 엄마의 한마디가 주는 힘

"오, 되게 좋은 아이디어다. 어떻게 그런 생각을 했어?"
"엄마는 모르겠지만 윤호는 뇌에서 그런 아이디어가 매일 나와."

거들먹거리는 귀여운 잘난 척이 본격적으로 시작된 건 36개월 즈음이었다. 아이가 거실 한구석에서 낑낑대며 무언가 열심히 하고 있었다. 설거지를 끝내고 또 어떤 현장을 마주하게 될지 내심 걱정스러운 마음으로 다가갔는데, 현장 상황은 의외로 양호했다. 아이는 다 써서 씻어둔 물풀 통에 물을 반쯤 채운 뒤 나무젓가락으로 휘휘 젓고 있었다. '근데 물이 왜 뿌옇지?'

가만히 들여다보니 허연 고체 풀 덩어리가 둥둥 떠 있었다. 옆에는 뚜껑 열린 딱풀이 나뒹굴고 있다. 고체 풀을 물에 섞는 것 같긴 한데 정확한 의도는 가늠할 수 없었다.

"이건 어떤 실험이야?"

"지금 딱풀얼음을 만들고 있는데, 이걸 물에 다 녹여서 냉장고에 얼리면 얼으까? 윤호도 지금 고민 중이야."

아직 우리말 발음도 정확하지 않은 세 돌 아이의 진지한 고민에 어떤 대답이 좋을지 잠깐 생각하다가 말했다.

"어떻게 그런 생각을 했어?"

아이는 신난 목소리로 설명을 이어갔다.

"저번에 만든 색깔얼음처럼 딱풀얼음도 색칠이 될 건지 궁금해서."

"오, 멋진 생각인데? 되는지 한번 해봐. 엄마는 생각해본 적 없는데 어떻게 그런 게 궁금해졌지? 신기하다."

"그치? 멋진 생각이지?"

아이는 의기양양하게 딱풀을 마저 녹이며 혼자만의 놀이를 다시 이어갔다. 내 역할은 아이의 실험을 진심으로 궁금하게 여겨준 것만으로 충분해 보였다.

그리고 며칠 후, 벽돌 모양의 종이블록을 가지고 놀던 중 아이가 접힌 블록을 다 펼치고 싶다고 했다. 방법을 알려주니 그대로 하고는, 다 펼쳐진 벽돌블록을 흔들며 로봇 흉내를 내기 시작했다. 그러고 보니 정말 해체한 모습이 머리, 몸통, 팔, 다리처럼 보이기도 했다.

"기발한데?"

고정관념 가득한 나의 눈으로는 발견할 수 없는 아이의 관점이 참신하게 느껴졌다. 그런데 아이 대답이 더 재미있었다.

"그치? 멋진 아이디어지? 엄마는 생각해본 적 없지?"

며칠 전 내가 했던 말을 아이가 그대로 확인시켜 주는 게 아닌가. 그냥 멋진 아이디어라는 칭찬보다는 '엄마도 생각해본 적 없는 걸 생각해내서 대단하다'는 부분에 방점이 찍힌 것 같았다. 아이가 얼마나 엄마의 말을 중요하게 받아들이는지 확인하는 순간이었다.

아이의 상상력에 감탄할 때 '멋진 아이디어'라는 표현이 저절로 나오곤 하지만, 가끔은 정반대 상황에 의도적으로 사용하기도 했다. 그리기든 만들기든 조립이든 퍼즐이든 설명서나 정해진 매뉴얼을 따라 하지 않고 전혀 엉뚱한 방법으로 시도할 때 이렇게 말했다.

"오, 그거 멋진 아이디언데?"

굳이 이렇게 말하는 이유가 있다. 아이는 이미 성공하지 못할 것을 직감하고 쭈뼛거리는 상황일 때가 대부분이다. 본인 수준에 어려울 것 같으니 처음부터 일부러 엉뚱하게 시도할 때도 있었다. 그런 마당에 굳이 틀렸다고 지적하고 정해진 방법을 가르쳐주어야 할까 싶었다. 매뉴얼대로 만들지 않아도, 예시와 달라도, 새로운 걸 아이 힘으로 직접 만들면 되는 것 아닌가.

　아이는 그 말에 반응했다. 틀린 게 아니라 설명서보다 새로운, 멋진 의견이라고 말해주면 정말이냐며 기쁨의 미소를 머금었고, 시도도 한층 과감해졌다. 또 다른, 새로운 아이디어를 발굴해내고자 눈이 반짝였다.

마음을 읽으면
모든 놀이가 작품이 된다

"안녕하세요, 똠아트입니다. 오늘은 이걸 넣고 저어볼 거예요. 이건 이십칠쩜삼 싸이즈구요. 이제 발(압정)을 박아줄 건데요. 물감이 테두리나 모서리 쪽으로 흘러나오지 않게…"

33개월 윤호는 종이컵을 앞에 잔뜩 두고 컵마다 색연필을 하나씩 꽂아 물감을 섞는 듯한 시늉을 하며 누군가의 진행 멘트를 줄줄 읊어댔다. 생소한 내용이라 신기하게 바라보고 있는데 알고 보니 남편이 즐겨 보던 플루이드 아트 유튜버의 영상을 같이 본 적이 있다고 한다. 화투에 빠지면 눈을 감아도 화투장이 아른거리듯 윤호는 아크릴물감에 풀을 섞고 캔버스 위로 여러 색을 겹치게 부은 뒤 페인트 키스, 플립컵 등 다양한 기법을 활용하는 플루이드 아트의 매력에 푹 빠져버린 것 같았다.

늦은 밤, 아이가 뚫어지게 봤다는 영상을 재생해보니 정말 27.3cm 사이즈의 캔버스 소개부터 똑같은 내용이 흘러나왔다. 최근에 아이가 자주 언급한 2대 1의 비율, 이건 묽고 저건 걸쭉하다는 등의 표현들이 영상에 담겨 있었다. 윤호가 욕실에서 선보였던 키친타올로 물감을 쓸어내리는 장면도 영상에 스와이프 기법이라는 이름으로 소개되었다.

그전에도 새로운 관심사는 항상 모방연기로 증폭되었던 터라, 나는 아이가 전혀 관련 없는 물건들로 비슷한 장면을 반복해서 연출한다 싶으면 미루지 않고 판을 깔아주었다. 모방하던 '그것'을 직접 해볼 수 있도록 비슷하게 준비해주면 아이는 세상을 다 가진 듯 신명나게 놀이를 확장해갔다. 그럼에도 아크릴물감은 옷에 한 방울만 튀어도 지워지지 않는다는 후기에 선뜻 용기를 내지 못하고 있었는데, 더는 미루면 안 되겠다는 생각이 들었다.

"우리 아크릴물감이랑 캔버스 사러 갈까?"

"정말? 정말요, 엄마? 너무 신나요!"

내복 차림에 롱패딩만 걸치고도 잔뜩 신이 난 아이는 집 앞 문구점에서 원하는 색깔의 아크릴물감과 종이컵, 캔버스, 압정, 물풀 등을 하나하나 손수 골라 담았다. 집에 돌아온 아이는 진지하게 작업에 몰두하더니 자기 몸만큼 커다란 캔버스를 근사하게 채워나갔다. 버려도 되는 옷으로 입히니 물감이 튈까 걱정할 필요도 없었고, 거실 바닥이나 코팅된 면에는 마른 뒤에 필름처럼 떼어지는 성질이 있어서 뒷정리도 까다롭지 않았다. 마르기 전에 물걸레로 슥슥 닦아도 곧잘 닦였다.

 진즉 준비해주지 못한 것이 미안할 만큼 아이는 틈만 나면 아크릴 푸어링을 했고, 완성된 캔버스는 그럴듯한 작품이 되어 아이에게 충만한 자신감을 선사해주었다. 종이컵에 구멍을 뚫고 진자운동을 통해 물감이 흘러내리게 하는 펜듈럼 페인팅을 시도해보기도 하고, 케이크 돌림판 위에 캔버스를 올린 채 물감을 붓고 돌리며 퍼져나가는 모양으로 작품을 만들기도 했다. 멘트까지 그대로 따라 하는 모습이 귀엽다면서, 실제 플루이드 아트 유튜버께서 33개월 윤호 모습을 영상에 삽입해주신 덕분에 본인이 나온 동영상에서 눈을 떼지 못한 적도 있다.

"윤호 작품 어때, 멋지지? 나중에 전시회도 열 거예요."
"좋아, 우리 전시회 꼭 열자."

 어느덧 완성된 작품만 50점에 달한다. 아이는 거실에 작품을 전시하고 싶다며 정리해둔 캔버스들을 한 번씩 꺼내 늘어놓곤 하지만, 발

모방에서 창작으로 신나게 나아간 플루이드 아트 작업.

디딜 틈이 없으니 금세 장롱 행이다. 그런 아이를 보며 생각한다. 종이가 아닌 캔버스에 아이의 흔적을 남겨둔 건 정말 잘한 일이라고. 그리고 따뜻한 봄이 오면 잔디밭 위에 작품을 주르륵 펼쳐두고 우리만의 전시회를 꼭 열어야겠다고.

아들표 티셔츠 입고 출근하는 아빠

신발장에 아무리 신발이 많아도 여름이면 냉장고바지에 삼선슬리퍼만 신던 남편이 어쩐 일로 새하얀 크록스를 주문했다. 굳이 내 것까지 샀다고 했다.

"여보, 내가 얼마 전에 명품 사이트를 구경해봤는데 물감 뿌려놓은 운동화가 몇십만 원이더라? 그래서 아들이랑 만들어보려고!"

택배를 뜯는 남편 뒤에서 아들은 이미 식탁의자를 거실장 앞으로 끌어다 놓고 그 위에 올라서서 아크릴물감을 꺼내고 있었다. 두 남자의 신난 뒤통수는 귀엽고 얄미웠다. 뒷정리하는 미래의 내 모습이 빤히 그려졌지만, 어느새 나는 두 남자의 작업을 구경하며 카메라를 켜고 있었다.

신발 위로 방울방울 가늘게 떨어지는 물감은 생각보다 근사해 보였다. 그런데 40개월 아이의 손놀림은 거기서 멈추지 않았다. 색깔을 바꿔가며 물감을 연신 부어댔다. 남편이 설명했던 신발 모습과는 전혀 다른 결과물이 되어가고 있었지만, 윤호는 진짜 디자이너라도 된 듯 한껏 상황을 즐겼다.

"여보, 이거 진짜 신을 거지?"

"당연하지. 그러려고 산 건데."

예상보다 파격적인 개성 만점의 아들표 신발을 보며, 정말 신고 다니기에는 조금 난감하지 않을까 걱정했는데 남편은 당장 이번 주말에 신겠다고 하더니 진짜로 여름 내내 신고 다녔다. 남편은 연애할 때도 그 부분은 확실했다. 내가 요리했지만 너무 맛이 없어 나도 먹기 싫은 음식도 '네가 직접 요리한 음식'이라는 게 중요하다며 그릇을 싹싹 비우는 사람이었다. 그래서 아들이 만든 신발을 신겠다고 했을 때도 결과물이 어떻든 정말로 신고 다닐 사람이라는 걸 의심하지는 않았다. 문제는 다음 날이었다. 남편은 굳이 엄마 신발까지 디자인해달라고 아이에게 맡기며 또 한 번 거실에 판을 벌였다.

아이는 풍선에 아크릴물감을 묻혀 도장을 찍는 새로운 기법을 선보이며 세상에 단 하나뿐인 신발을 만들어주었다. 파란색과 살구색, 갈색에 은색까지. 신선한 색 조합을 바라보며 이걸 대체 언제 신어야 하나 조용히 생각했다. 옷장을 열면 무채색 계열의 무늬 없는 옷만 가득한 사람이 바로 난데. 그러나 엄마 사람인 나는 또 금세 그 신발에 익숙해졌다. '나쁘지만은 않은데? 엄마 아빠가 직접 신으면 저렇게 좋아하는데 안 신을 건 또 뭐야. 한 번씩 신고 나가자. 까짓거.'

나는 여름이면 윤호와 둘이서 바다에 자주 다녔고, 그때마다 아이표 크록스를 신고 갔다. 아이는 엄마의 기념사진을 찍어주면서 디자이너가 된 자신을 스스로 대견해했다.

"오늘도 윤호가 만들어준 신발 신고 가는 거야? 엄마가 보기에도 멋진 거 같지?"

두 신발의 수명은 길지 않았다. EVA 신발을 덮고 있던 아크릴물감은 파도 몇 번에, 그리고 한 번의 굵은 장대비에 벗겨져 버렸다. 남편은 아들의 작품이 사라지는 게 아쉬웠는지 이번엔 흰색 체육복 같은 무지 티셔츠를 여러 벌 주문했다. 코팅된 면과 달리 천에 아크릴물감이 묻으면 아무리 세탁해도 지워지지 않아서 아크릴물감으로 놀이할 때는 윤호가 먼저 '묻어도 되는 옷이냐'고 묻는다.

"여보, 아예 아들이랑 같이 옷을 만들어서 입고 다니려고! 어때, 멋있을 것 같지 않아?"

"아, 그럼 이번엔 나는 빼줘. 아버님만 입으세요."

물론 아이가 잘 때 남편과 둘이 농담조로 나눈 대화였다. 언제나 멋있다고 지지해주던 엄마가 아빠와 둘이 있을 때 아이랑 만든 옷을 입고 싶지 않다는 뉘앙스로 말하면 아이에게 상처가 될 것 같아 깨어 있을 땐 저런 유의 이야기는 농담이라도 조심했다.

일부러 비용을 내고 '커스텀 티셔츠' 만들기 체험도 하러 가는데 아빠가 나서서 티셔츠를 준비하고 꾸며달라고 하니 아이는 이보다 신날 수가 없었다. 시작부터 끝까지 아이 손길에 전부 맡긴 옷도 있고, 어떤 날은 계획을 세워서 앞면엔 나무젓가락으로 규칙적인 무늬를 만들고 뒷면엔 세 식구 손도장을 하나씩 찍어 완성한 옷도 있다. 다 쓴 휴지 심으로 도장을 찍기도 하고, 아크릴물감을 옷 위에 뚝뚝 떨어뜨리거나 종이컵에 담아 가는 선이 표현되도록 붓기도 했다. 그렇게 만들어진 옷이 무려 7~8벌, 하루 이틀 잘 말렸다가 세탁해두면 남편은 아들표 티셔츠를 입고 출근했다. 아니, 특별한 행사가 있는 날을 제외하고는 주말에도 매일 입었다.

사실 남편은 '아이 때문에' 싫은 일도 억지로 하는 사람은 아니다. 커스텀 티셔츠 만들기는 꼭 한번 해보고 싶었는데 '아이 덕분에' 해볼 수 있었다고 했다. 아들은 매번 패션 디자이너가 된 듯 진지하게 임했고, 그 시간만큼은 단순한 놀이 이상의 무대처럼 느끼는 듯 보였다. 남편은 아무리 아이의 손길이 미숙하고 처음 의도한 것과 다른 방향으로 흘러가더라도 아빠의 손으로 보완하거나 모자란 부분을 채우며 이게 더 낫지 않냐고 묻지 않았다. 그 부분이 정말 고마웠다.

신나게 만들고 신나게 입는 커스텀 셔츠와 신발.

윤호는 아빠를 좋아하고 따르면서도 아빠의 눈치를 많이 살핀다. 기질검사에서도 언급했듯 아이는 타인의 감정을 기민하게 살피고 그 영향을 받는 편인 데 반해 남편은 타인의 시선이나 감정보다는 이성적인 판단을 우선하는 편이다. 그러다 보니 아빠의 이성적인 면이 때로는 아이에게 '팩트 전달'이 아닌 '팩트 폭행'이 되었다. 누구의 잘못이 아닌 두 사람의 기질 차이다 보니 나는 둘 사이에서 부연설명을 담당하는 통역기 역할을 자처했다. 아이의 자존감은 부모의 차가운 눈빛 한 번에도 무너질 수 있다는데, 혹시 아빠가 툭 던진 말에 그런 일이 생길까 봐 중간에서 막아보려는 오지랖이기도 했다.

그러나 남편은 아이가 갖가지 물감을 과하게 들이부은 신발을 신고 옷을 입고 다님으로써 아이의 작품을 인정해주었고, 사람들을 만날 때마다 아들이 만들어준 옷이라고 자랑했다. "와, 너무 멋진데?"를 매일 말하면서도 막상 아이가 만든 걸 입고 신는 것에 주저했던 나보다 진짜 아이의 자존감을 높여주고 있던 건 어쩌면 아빠인지도 모르겠다는 생각이 들었다.

4장

정서적 금수저 프로젝트 3 : 내가 선택한 선행학습, '자기조절력'

화내기 전에, '아, 다행이다!'

'쩍!'

TV 액정에 줄이 세 개 생겼다. 아이가 구슬을 던진 것이다. 눈 깜짝할 새 벌어진 일이었다.

'쨍!'

이번엔 장난감 나무망치로 거실 통유리를 내리쳤다. 아이 키 높이에 다섯 갈래로 별무늬가 생겼다. 현장을 실시간 목격하고도 믿을 수 없었지만, 그럴 때일수록 나의 첫 반응이 중요했다. 의도적으로 아이를 챙기는 말로 입을 뗐다.

"다친 데 없어? 다행이다. TV는 다시 사면 되지만 윤호 몸은 그럴 수 없잖아. 안 다쳤으니 괜찮아."

가르쳐야 할 부분은 그 뒤에 짚어주었다.

"그런데 구슬은 공이 아니야. TV를 깰 만큼 무겁고 단단해서 사람이 맞으면 크게 다칠 수 있어. 오늘은 안 다쳐서 정말 다행이야, 그치? 앞으로 절대 구슬은 던지면 안 돼. 굴리는 것만 하자."

나무망치 때도 똑같이 반응해주었다. 두 사건 모두 윤호가 두 돌 전후였던 걸로 기억한다.

물 따르다 컵 깨고, 우유 따르다 통째로 쏟고, 실험한다며 식용색소를 거실 바닥에 들이붓는 등 크고 작은 사고는 셀 수도 없다. 대부분 아이가 잘해보려다 벌어진 '실수'이니 사자마자 잉크가 튀어 새 옷이 잠옷으로 전락해도 화를 내지는 않았다. "다친 데 없으면 괜찮아. 닦으면 돼", "눈에 튀지 않았지? 빨아보고 안 지면 아빠한테 사과하자" 등등.

물론 초반에는 이렇게 해야 안 깨진다고, 이렇게 해야 안 쏟아진다고 들입다 설명부터 나가려는 주둥이를 마음으로 붙들어 매는 데 상당한 의지가 필요했다. '다친 데 없어 다행'이라는 건 엄마로서 늘 하는 당연한 생각인데도 그 한마디가 입 밖으로 나오기까지는 꽤 많은 연습이 필요했다. 10분'밖에' 안 남은 게 아니라 10분'이나' 남았다고, 말을 할 때마다 머릿속 마우스는 최대한 긍정적인 표현을 클릭하려고 애썼다.

다섯 살이 된 윤호가 여느 때처럼 싱크대 앞에 식탁의자를 끌고 와서 그 위에 올라가 전기밥솥에 밥을 안치려 쌀을 씻고 있었다. 쌀알이 빠져나가지 않게 손등으로 막아가며 야무지게 쌀뜨물을 따라내는 것까진 좋았는데 아뿔싸, 아직 힘이 약해 밥통 그대로 바닥에 엎는 대참사가 벌어졌다. 물에 젖은 쌀알이 폭죽처럼 흩날리고 숨 막히는 1초의 정적 후, 둘의 목소리가 화음처럼 겹쳐졌다.

"하, 다행이다!"

"그래도 이 안에 쌀이 좀 남았어. 더 많이 쏟아지지 않아서 다행이다. 그치? 미안해요. 윤호가 손이 미끄러웠나 봐, 엄마. 우리 힘을 합치면 좀 빨리 치울 수 있지 않을까? 도와줄 수 있어요?"

그간의 노력이 보상받는 것 같아 마음이 뜨거워졌다. 흩날리는 쌀알 따위는 상관없었다. 이미 벌어진 문제에 감정을 잘 추스르고 긍정적인 시각을 갖는 것, 이것이 아이가 사고를 칠 때마다 '다친 데 없으면 다행이야'라고 의도적으로 말한 이유였으니까.

사고가 나면 엄마들은 심장이 덜컥 내려앉을 만큼 놀라서 혹은 아이가 걱정돼서, 심지어는 너무 걱정한 게 분해서 아이에게 되레 화를 뿜어낸다. 그러고는 아이가 잠들면 미안하다 읊조리며 눈물도 흘리고 자책도 한다. 그런데 정작 아이는 그 사과를 듣지 못한다.

엄마도 사람인데 어찌 완벽할 수 있을까. 그럴 땐 아까 목소리 높여서 미안하다고, 다음부터는 엄마도 조심하겠다고 아이 눈을 보며 진심으로 사과했다. 그 또한 아이에게 하나의 좋은 모델이 될 거라 여겼다. 우주와도 같은 엄마가 잘못을 인정하고 직접 사과하는 것의 의미는 어른들이 생각하는 것과는 차원이 다를 테니까. 아이는 비슷한 상황이 생기면 엄마에게서 본 그대로 사과하려 할 것이다. 아이가 엄마라는 교과서를 통해 삶을 배운다는 것이 부담스러울 수도 있지만, 한편으로는 그만큼 감격스러운 일도 없다.

고마웠어, 다음에 또 보자!

일상에서 배려하는 법 익히기

언제부턴가 아이 친구들 집을 왕래하기 시작했다. 운 좋게 동네에서 알음알음 친해진 동갑내기 아이들도 있고 산후조리원에서 시작된 인연들도 있었다. 육아 이야기를 나눌 수 있는 또래 친구가 가까이 있다는 게 얼마나 행운인지 만날 때마다 이야기하곤 했다. 불과 2~3년 전인데도 코로나 이전 풍경이라 영 다른 세상 이야기처럼 낯설다.

친구 집에 가면 아이는 누구보다 신나게 이곳저곳 누비고 다니며 놀았다. 미끄럼틀, 에어바운스 등 키즈카페 못지않은 각종 장난감에 신이 난 아이는 혼자 러닝셔츠에 팬티 바람인데도 어느새 머리카락이 땀에 흠뻑 젖곤 했다.

"이제 우리 집에 가야지?"

어질러진 장난감을 함께 주섬주섬 정리하고 아이가 현관에 나가 혼자 신발을 신어보겠다고 낑낑댈 때면, 나는 엄마 따라 배웅나오는 아이에게 꼭 인사를 해주었다.

"오늘 집에 초대해주고 장난감도 빌려줘서 정말 고마웠어. 우리 다음에 또 보자, 안녕!"

어느 집이든 집주인 아이에게는 반드시 같은 인사를 챙겨서 해주었다. 아직 양보를 알기엔 미숙한 나이다 보니 혹시라도 노는 동안 서운했을지 모를 친구에게는 마음을 풀어주기 위함이었고, 윤호에게는 엄마가 표현하는 마음이 귀에 들어올 테니 그게 곧 교육이라 생각했다. '빌려줘서 고마웠다'는 인사를 들으면 다른 친구가 놀러 왔을 때 자기 물건을 빌려주고 함께 노는 것에 더 호의적인 마음을 갖게 되리라.

반대로 윤호가 본인 물건을 친구에게 빌려주었다면 그날이 지나기 전에, 대부분 밤에 잠들기 전에 칭찬해주었다.

"윤호도 아끼는 거라 빌려주는 게 어려웠을 텐데, 고민하다가 빌려주는 모습에 엄마가 놀랐어. 친구랑 같이 사이좋게 놀아줘서 너무 고마웠어."

그러고 한참이 지난 어느 날, 몬테소리 체험수업을 가서 원하는 교구로 한참을 놀다 정리하는데 작은 토끼 인형에게 28개월 윤호가 인사를 했다. "토끼야, 오늘 너무 고마워떠. 우리 다음에 또 보댜!"

멀찍이 계시던 선생님은 생각지도 못한 꼬마의 인사에 눈물이 날 뻔했다며 다가오셨다. 사실 아이의 입을 통해 처음 듣는 인사말에 내 심장도 쿵쾅대고 있었다.

"안녕, 난 우노야. 넌 이름이 뭐니?"

아이는 아무렇지 않게 이미 다음 놀이를 시작했다.

그리고 1년쯤 지났을까, 벤치에 앉아 있는데 지팡이 짚은 노부부가 우리 쪽으로 천천히 걸어오셨다. 아이가 갑자기 무릎을 세우더니 종아리를 허벅지에 딱 붙인 채 다리를 접어 올렸다. 생뚱맞게 뭘 하는 거지 의아했던 마음에 이내 온기가 돌았다.

'지난번에 공연장에서 아이를 무릎 위에 앉혔을 때, 안쪽 좌석으로 들어가는 사람들이 불편할까 봐 우리 다리를 같이 접어 올려준 적이 있었지.'

아이는 그때와 비슷한 상황이라 여겼는지 할머니 할아버지의 진로에 방해될까 봐 혼자 열심히 다리를 접고 있었던 것이다.

아이는 인성동화, 감정동화를 읽어주지 않아도 일상에서 배려하는 법을, 인사하는 법을 보고 배우고 있었다. 나도 모르는 사이 나에게서 또 어떤 말과 행동을 배워가고 있을지, 살아 있는 복사기 덕분에 틈틈이 나 자신을 돌아본다. 우리는 서로를 성장시키고 있다.

엄마 가방은 도라에몽 가방

친구 장난감이 재미있어 보일 때는

아이와 외출을 시작한 뒤로는 가방 꾸리는 게 일상이다. 기저귀, 물티슈, 손수건, 마스크, 소독제, 분유, 보온병, 간식(과자, 주스, 치즈 등)은 기본이고, 나가는 김에 은행이라도 잠시 들러야 하는 날이면 아이의 흥미를 끌어줄 장난감이나 스티커북, 최후의 수단으로 태블릿PC까지 가방에 때려 넣어야 했다. 아이를 편하게 안으려면 양손이 자유로워야 하고, 아이가 무슨 짓을 해도 너그럽게 받아들이려면 여벌 옷도 필요하니 거북이 등딱지 같은 백팩을 내려놓을 수 없었다.

조금 더 자라 또래 친구와 자주 어울리기 시작하면서 짐이 하나 더 늘었다. 검지손가락만 한 미니카 네 대와 풍선, 색종이가 든 지퍼백이었다. 또래 남아들은 자동차, 비행기 등 탈것을 좋아했고 만나면 으레 애정이 담긴 미니카 한두 개를 손에 들고 있었다. 흥미로운 점은 자동차 장난감에 도통 무관심했던 윤호가 친구의 미니카에는 손을 뻗는다는 것이다. 친구가 가지고 노는 거라 더 재미있어 보였을까. 하지만 가장 좋아하는 걸 골라서 들고 나왔을 테니 친구가 평화롭게 빌려줄 리 없었다. 방어하는 친구를 설득하며 윤호에게 설명했다.

"친구 거니까 한 번만 빌려달라고 하자."

막상 빌려준다 해도 미니카로 많은 놀이를 하진 않았지만, 친구 장난감에 호기심을 보이는 건 어린아이에게 어쩌면 자연스러운 반응인지 모른다.

그날 저녁 경찰차, 소방차를 포함해 빨강색, 노랑색 미니카 세트를 샀다. 부피가 크지 않은 색종이 한 묶음과 풍선도 한 주먹 지퍼백에 같이 담았다. 여럿이 만날 때는 미니카도 더 담았다. 윤호의 놀잇감으로 산 것이 아니었다. 윤호가 친구의 자동차를 욕심낼 때 상대 친구에게 대안을 주기 위해서였다. 교환할 게 있으면 윤호도 을이 아니라 대등한 입장이 될 수 있을 테니 말이다. 두 돌이 채 안 되었을 때라 친구들 컨디션에 따라 반응도 천차만별로 예측하기 어려웠고, 매번 허락이 떨어지길 기다리라고만 할 수는 없었다.

윤호가 친구 자동차에 관심을 보이면 지퍼백을 꺼내 친구에게 다가갔다.

"우리도 여기 미니카가 있는데 혹시 윤호 자동차랑 바꿔서 노는 건 어때?"

경찰차나 소방차를 싫어하는 남자아이는 거의 없으니 성공확률 100%였다. 바꿔 놀다 보면 윤호도 얼마 안 가서 자기 걸 다시 달라고 했다. 친구 손에 들린 떡이 커 보였던 게 틀림없다. 나중에는 한 손엔 네 거, 다른 손엔 내 거 양손에 하나씩 들고 마주 앉아 몇 시간을 까르르 웃으며 놀기도 했다.

오랜 시간 외출하거나 여럿이 어울려 놀 때는 풍선만큼 좋은 게 없었다. 아이의 컨디션은 하루에도 수십 번씩 달라졌지만 때와 장소에 구애받지 않는 풍선은 언제나 최고의 아이템이었고, 아이들은 윤호 엄마 가방에 얼굴을 들이밀고 또 뭐가 있나 궁금해하며 뒤적거렸다. 식당 같은 공용공간에서 우는 아기와 씨름하며 주변의 눈치를 보느라 진땀 빼는 엄마가 있을 때도 슬쩍 건네주기 좋았다.

어차피 아이들은 감정조절 능력이 미숙하다. 새로운 장난감을 보면 갖고 싶은 게 당연하고, 내 것인지 네 것인지 판단하기보다는 행동이 먼저 나가는 게 당연하다. 위험한 걸 미리 차단하고 자유를 허락하는 것이 아기와 엄마에게 모두 득이 되는 것처럼, 나는 아이들의 호기심을 존중하며 갈등상황을 가능한 줄이기 위해 장난감 지퍼백을 하나 더 추가했다. 윤호는 친구들을 만날 때 말고는 지퍼백에 든 미니카를 쳐다보지도 않았지만, 그렇다고 가방에서 미니카를 빼버리지 않았다. 친구들과 만나면 반응이 달라지니까.

상대 친구만 실컷 가지고 논 적도 있었지만 내 것을 빌려주는 입장이 되어보는 것 자체가 아이에겐 의미 있는 경험이었다. 겨우 두 돌배기였지만 경험이 반복되면서 아이들은 서로의 기분을 살피기 시작했고, 시키지 않아도 갖고 싶은 게 있으면 자기 물건을 친구에게 먼저 내밀어보는 등 협상의 기술을 키워갔으니 말이다.

사랑을 표현할 줄 아는 아이로

'말하지 않아도 알아요'는 광고 음악일 뿐 마음은 반드시 말로 표현해야 한다는 걸 누구나 안다. 아이에게도 그렇게 가르친다. 그런데도 막상 입술을 떼기 어려운 말 3종 세트가 있다. '고마워', '미안해' 그리고 '사랑해.'

사내방송으로 라디오를 진행할 때도 직접 말하기 쑥스럽고 어색하니 대신 전해달라는 글이 사연의 대부분, 아니 전부였다. 나 역시 부모님께 사랑한다고 말로 고백한 적은 손에 꼽는다. "엄마, 사… 사… 사랑해." 눈을 보고 전하기가 민망해 꼭 안은 채 중얼거리니 그나마 어색함이 덜했다.

'나는 아이를 낳으면 그 순간부터 많이 얘기해줄 거야. 말하는 사람도, 듣는 사람도 어색하지 않도록. 그리고 아이가 주변에도 많이 표현할 수 있도록 도와줘야지.'

아주 오래전부터 속으로 생각했다.

아기 때는 엄마가 화장실 다녀올 동안 앉아서 기다려주기만 해도, 엄마 아빠 말을 이해하기 시작한 후로는 간단한 심부름을 하거나 약속을 지켜주면, 지키려는 모습만 보여도 고맙다고 표현했다. 말하지 않아도 당연히 알아줄 거라 여기거나 아이의 일이니, 혹은 사소한 도움이라 해서 가볍게 넘겨버리지 않았다.

예를 들어 물을 엎질렀을 때 아이가 걸레를 갖다주면 당연한 듯 받아서 닦고 끝내지 않고 고맙다고 분명하게 말해주었다. 설거지 중에 아이가 무언가를 요구하면 두 돌 전에는 잠시 멈추고 바로 들어주었지만, 그 이후에는 "미안한데 엄마가 지금은 물소리 때문에 윤호 말이 잘 안 들리거든? 곧 끝나니까 조금만 기다려줘"라고 양해를 구했다.

그랬더니 다섯 살이 된 어느 날 아이를 불렀더니 "엄마, 지금 윤호가 만들기에 집중하느라 엄마 말을 잘 들을 수 없어요. 미안"이라고 돌려준 적이 있다. 물론 아이의 만들기가 끝날 때까지 조용히 기다려주었다. 잘못한 게 있으면 설령 실수라 해도 미안하다고 사과했더니, 아이도 본인이 잘못했다고 판단되면 미안하다는 말을 아끼지 않는다.

아이에게 첫 번째 스승의 날이 왔다. 마냥 먼 이야기일 줄 알았는데 어린이집 생활을 시작하니 어버이날에 색종이 카네이션이 가방에 들어 있었다. 내가 학부모라니 믿기지 않았다. 18개월에 첫 기관 생활을 시작한 아이는 선생님을 잘 따랐고, 연세 지긋하신 선생님도 손주 대하듯 아이를 챙겨주셨다. 스승의 날의 의미를 정확히 이해하지는 못하더라도 아이와 함께 감사의 마음을 전하고 싶었다. 마침 윤호는 매일같이 색연필과 크레파스로 온 집안 구석구석 낙서하는 아이였고, 스케치북도 상시 대기였다.

"내일이 '선생님 감사합니다' 하는 날이거든? 우리 선생님한테 '감사해요' 카드 드릴까?"

아이는 엄마 말을 이해한 듯 스케치북과 색연필을 들고 왔고, 나는 스케치북을 한 장 뜯어 아이 앞에 펼쳐주었다. 20개월 아이의 정체 모를 그림이지만, 점 하나 보태지 않고 시작부터 끝까지 오롯이 아이의 손에 맡겼다. 얼마쯤 지나니 아이는 다 그렸다며 반으로 접어야 한다고 표현했다. 반으로 접어주니 윤호는 부엌에서 자기 몸집만큼 큰 어린이집 가방을 들고 왔다.

"여기다 넣을까? 알겠어. 내일 윤호가 꺼내서 선생님 드리면 얼마나 기뻐하실까."

아이가 말이 트이기 전이라 이 과정을 동영상으로 찍어서 다음 날 전해드렸다. 선생님은 감동하셨다며 몇 번이나 돌려보았다고 하셨다.

선생님께 사랑과 감사를, 이웃에게 인사를 전하는 연습

지금은 카드를 만든 기억조차 하지 못하지만, 당시 20개월이던 윤호는 그것이 감사의 마음을 전하는 카드라는 걸 알고 있었다. 그림을 가리키며 이게 어떤 뜻이냐고 물었더니 아이가 머리 위로 하트를 그려 보였다.

"선생님 사랑해요? 하트 그린 거야?"

"응!"

아이가 어떤 기분으로, 어떤 느낌으로 그 시간을 간직하게 될 것인지에 초점을 맞추다 보면 결과물이 어떻든 그건 중요치 않았다. 오히려 세 살짜리가 그린 카드를 무성의하게 다루지 않는 게 훨씬 중요했다. 선물을 준비하는 태도는 말이 아닌 행동으로 보여주어야 했다.

어린이집 생일파티 때마다 2천 원 내외로 준비해달라는 친구 선물도 매달 윤호와 함께 포장했다. 재단가위를 손에 같이 쥔 채 포장지를 자르고 여기저기 테이프를 붙이고 '예주야 생일 축하해 -이윤호-'라고 겉면에 이름까지 쓰는 간단한 과정이 때로는 두 시간도 넘게 걸렸지만, 놀며 준비하며 주고받는 이야기 덕분인지 아이는 본인이 생일 주인공이 아니어도, 케이크 초를 불지 않아도 아쉬워하지 않았다. 옆에서 노래를 부르며 축하해주는 즐거움도, 친구를 위해 선물을 준비하는 기쁨도 크다는 걸 배우고 있었다.

엄마는 '내가병'을 이해하고, 아이는 '도와주세요'를 익히고

33개월 된 네 살 아이가 갑자기 두루마리 휴지와 키친타올을 들고 온 집안을 돌아다니며 낑낑댄다. 무언가 새로운 시도에 몰입해 있을 때는 모른 척 다른 일을 하며 지켜본다. 아이는 집중의 표시로 아랫입술을 열심히 빨면서 키친타올을 점선대로 한 칸씩 탁-탁- 뜯어내는 도전을 하고 있었다. 두루마리 휴지는 진즉에 성공해 구석에 던져놓은 듯했다. 크기가 작으니 별다른 요령 없이도 한 칸씩 성공한 흔적이 보였다.

문제는 아이 손보다 훨씬 크고 질긴 키친타올이었다. 점선대로 잘 뜯기다가 엉뚱한 방향으로 찢어지고 갈라지고, 키친타올 수십 칸을

뜯었다 내팽개치기를 반복하는 동안 안방 침대와 바닥은 키친타올 조각들이 아이의 분노 게이지만큼 가득 차 나뒹굴었다. 살짝 풀어서 힘주어 팡 당겨야 깔끔하게 뜯긴다는 노하우가 어른들에겐 어려울 것 하나 없지만 네 살 아이에겐 쉬울 리 없었다.

40분쯤 지났을까.

"엄마가 도와줄까?"

보다못해 한마디 했을 뿐인데 아이의 짜증이 용암처럼 솟구쳤다.

"아니! 아니야아아!! 윤호가 윤호가 윤호가! 윤호가아아!" 그러더니 키친타올을 휙 던져버렸다.

윤호가 (혼자 할 건데) 윤호가 (할 수 있는데) 윤호가 (하고 말 건데 왜 엄마가 도와준다고 하는 거야!!) 뭐 대충 이런 뜻인 것 같았다.

혼자 힘으로 성공해서 엄마에게 짜잔! 보여주고 싶은 계획이 무산됐으니 얼마나 분하고 속상할까 생각하면, 아이가 아무리 방방 뛰며 소리를 쳐도 감정적으로 휘말리지는 않았다.

'에그, 그래. 너도 애썼다. 근데 한 통을 다 써도 그렇게는 안 돼. 알려줄게, 아가야.' 이런 마음으로 바라보면서 흥분이 가라앉을 동안 잠시 기다려주었다.

"윤호야, 엄마 한번 봐봐. 물건 던지는 건 안 돼. 혼자서 잘해내는 거 보여주고 싶은데 안 되니까 속상해서 화가 나는 거지?"

멈칫하는 걸 보니 적중한 것 같다.

"엄마는 알려주고 싶은데 윤호는 도와주는 게 싫고, 그러면 엄마는 여기서 할 일 하고 있을 테니까 혼자 좀 더 해보고 도움이 필요하면 그때 불러줘. 알겠지?"

아이가 고개를 끄덕였다.

"엄마, 이거 어떻게 하면 뜯을 수 이떠요?"

정확히 5분 만에 윤호가 왔다. 5분간 나름대로 고민하다 스스로 도움을 청하러 왔다는 게 기특했다. 들을 준비가 되어 있으니 배우는 것도 금방이었다.

(아이 손을 감싸고) "키친타올 조금 풀어서 가운데를 잡고 이렇게 탁! 같이 하니까 금방 되네?"

윤호는 곧장 엄마 도움 없이 스스로 도전해 성공했다. 기술을 습득한 아이는 한껏 신이 났고, 새 키친타올 한 롤을 가져다가 미끄럼틀 위에 올라가 한 칸씩 뜯어 날리며 우체부 놀이를 시작했다.

"엄마 받아요! 편지 와떠요!"

튼튼한 키친타올심 두 개가 곧 모습을 드러냈다.

'내가병'은 잘만 활용하면 기회가 된다. 발을 동동거리거나 휙 던지는 행동 모두 직접 해내고 싶은 욕구와 부족함에서 비롯된 분노이지 엄마에게 화난 게 아니다. 아이의 선 넘은 행동은 안 된다고 조용히 짚어주면 된다. 아이의 '내가 내가'와 '안 돼 못해' 콤보에 휘말려 같이 샅바 잡고 싸우는 순간, 남는 건 후회뿐 얻을 게 하나도 없다는 진실을 떠올렸다. 몸도 피곤한데 밤에 잠든 아이 바라보며 마음까지 아파지긴 싫었으니까.

그날 밤, 잠들기 전 아이에게 말해주었다.

"아까 키친타올 말이야. 사실 혼자서 깔끔하게 탁 뜯는 거 어려운 일이거든. 엄마는 윤호가 아까 포기하지 않고 혼자 계속 노력하는 모습이 멋지더라. 중간에 안 된다고 화가 나고 짜증이 나서 안 하고 던져버릴 수도 있는데 끝까지 해봤잖아. 그리고 짜증나는 마음 가라앉히고 엄마한테 와서 알려달라고 말하는 건 더 용기 있는 일인데, 그걸 해내서 얼마나 고마웠는지 몰라."

포기하지 않는 자세와 감정 다스리기, 도움을 구하는 건 부끄러운 게 아니라는 것. 세 가지 모두 결코 하루아침에 가질 수 있는 게 아니다. 일상에서 잔잔하게 스며들어야 아이 마음 깊이 자리잡는 단단한 뿌리가 될 거라 생각했다. 그때로 다시 돌아가 키친타올 편지 500장을 또 날린다 해도 나는 기쁘게 받아줄 것이다.

양보하지 않아도 괜찮아

"엄마, 이거 한 번만 주라고 윤호에게 얘기해봐요."

"윤호야, 엄마 한 번만 주세요."

"안~ 돼."

"한 번만 주면 안 돼?"

"안 돼!"

"따악 한 번만, 응?"

"자, 여기 있떠."

30개월 윤호는 부쩍 나랑 둘이 있을 때면 밥을 먹다가도, 아이스크림을 먹다가도, 장난감을 갖고 놀다가도 한 번만 (빌려)달라고 부탁하는 연기를 요청했다. 아이는 통쾌한 얼굴로 두세 번 단호히 거절한 뒤 마지막에 선심 쓴다는 듯 허락해주는 귀여운 갑질을 연기했다. 거듭되는 '안 돼' 소리에 풀죽은 척 알겠다고 대답하면, 아이는 아무리 연기라도 매정하게 끝내는 게 불편한지 한 번만 더 부탁해보라고 유도한 뒤 최후에는 웃으며 빌려주는 것으로 역할놀이를 마무리했다.

같은 시기, 아이는 외출을 하든 안 하든 친구는 만나지 않고 엄마랑 단둘이 있고 싶다는 의견을 피력했다. 타인에 민감하고 회피형 기질인 윤호는 친구랑 장난감 하나를 동시에 집었을 때 상대의 기분이 안 좋아 보이면 반사적으로 내려놓고는 한 박자 후에야 아쉬움을 자각하고 전전긍긍하는 경우가 잦았다. 심지어 장난감이 본인 것일 때도 그랬다. 친구들은 윤호가 자연스레 양보한 것처럼 느꼈으니 고맙다하고 마음 편히 놀았지만, 정작 윤호는 양보인 듯 양보 아닌 양보 같은 그 상황이 잔뜩 부대꼈던 모양이다.

'그래서 그렇게 다채로운 억양으로 '안 돼'를 차지게 연기하며 스트레스를 풀었던 거구나.'

피하거나 아닌 척 화제를 돌리지 말고 마음에 품은 부정적인 감정도 말로 차근차근 표현할 수 있도록 도와줘야 할 것 같았다.

"윤호야, 이건 네 물건이지? 네 물건은 친구랑 같이 있어도 마음이 내키지 않으면 안 빌려줘도 괜찮아."

"친구가 하고 싶다고 하면?"

"윤호 물건이니까 네 마음이 제일 중요하지. 그런데 혹시 친구가 마음에 걸리면 이렇게 말해보면 어떨까. 이건 내 거니까 내가 먼저 하고 빌려줄게. 어때?"

"응! 좋은 거 같아."

"반대로 친구 물건은 친구 거니까 윤호가 써봐도 되는지 물어보는 거야."

둘만의 시간을 꽤 길게 보내던 어느 날, 동네 친구 집에 놀러 오라는 연락을 받았다. 아직은 물건을 같이 가지고 노는 것이 수월하지 않을 때라 윤호가 가장 좋아하는 물건들도 몇 개 챙겨갔다. 두 아이는 웃으면서 뛰어놀았지만 네 살 아이들인 만큼 위태로운 순간도 자주 있었다. 분명 다른 놀이 중인데도 주인 아이는 윤호가 무언가를 만지면 다가와서 안 된다며 본인 물건을 사수했다.

"나 이거 해봐도 돼?"

"아니? 안 돼."

연습한 대로 의사를 물어보기까지 했지만, 단호박인 친구의 대답에 윤호는 적지 않게 당황한 표정이었다. 개입이 필요해 보였다.

"윤호야, 친구가 아끼는 물건인가 보다. 그럼 우리가 집에서 갖고 온 걸로 놀고 있자. 친구야, 그럼 우리는 이걸로 놀고 있을 테니 나중에 마음이 내키면 빌려줘."

재밌는 건 그 이후였다. 집에서 가져온 사인펜으로 윤호랑 그림을 그리며 놀고 있는데 친구가 다가와서는 멋쩍은 얼굴로 조금 전 그 물건을 빌려주었다. 강요하지 않고 아이의 마음을 헤아려주었더니 곧장 다가와서 자기 물건을 양보해준 것이다.

친구에게도 사정은 있었다. 얼마 전 또래 아이들을 집에 초대했는데, 똑같은 물건이 두 개 있는 걸 본 아이 아빠가 깊게 생각하지 않고 방문한 친구에게 물건 하나를 선물해버린 것. 아무리 똑같은 물건이라지만 마음의 준비가 안 된 아이는 뺏겼다는 느낌을 받았고, 그때부터 친구가 본인 물건을 빌려달라고 하면 일단 안 된다고 방어부터 했던 것이다.

양보하기 어려울 때는 윤호에게도 있었다. 그럴 땐 솔직하게 친구에게 양해를 구했다.

"이건 윤호가 제일 아끼는 거라서 빌려줄 수가 없네. 미안해."

친구 엄마도 마찬가지로 아이에게 '내 것'을 먼저 인정해주었다. 그렇게 본인의 소유를 먼저 인정해주고 내키지 않을 땐 양보하지 않아도 된다고 말해주었더니, 아이들은 시키지 않아도 필요하다고 느껴지면 스스로 양보하기 시작했다. 거절하는 것을 어려워하던 아이가 처음으로 실제 상황에서 연습한 대로 말했을 때는 아이가 내면의 틀 하나를 깨고 나온 것이 감격스러웠다. 하지만 그 순간 아이를 가장 대견해한 건 윤호 자신이었다.

"그건 안 돼. 내가 제일 아끼는 거라서. 대신 다른 거 갖고 놀래?"

비장하게 거절하고는 대안을 제시한 입꼬리가 가늘게 씰룩거렸다.

1년 뒤, 두 친구는 태블릿PC 하나로 동영상을 같이 보는 시간이 생기면 각자 마음속 1순위 콘텐츠는 감춰두고 둘이 재밌게 봤던 콘텐츠만 언급하며 그중 어떤 걸 볼까 의논하기 시작했다. 정작 그날은 몰랐다가 나중에 윤호처럼 친구도 그 콘텐츠를 보지 않는다는 말을 듣고서야 아이들이 서로에게 맞춰주었다는 걸 알게 되었다. 매 순간이 아름답기만 한 육아는 아니지만 다섯 살에도 그런 배려가 가능하다는 걸 나는 아이들을 통해 배웠다.

우는 아이가 늘 피해자는 아니에요

"으아앙! 으헝~" 윤호가 울음을 터뜨렸다.

아이 울음소리가 들리니 저 멀리서 한 엄마가 달려온다.

"야, 김진우! 또 너지! 네가 그랬지!"

대형 트램펄린에서 처음 만난 아이들은 점프도 하고 가장자리를 줄지어 돌다가 다시 트램펄린 한복판으로 뛰어들어 점프군단에 합류하는 등 자연스럽게 조화를 이루며 놀고 있었다. 대개 아이가 다섯 살 후반쯤이면 엄마들도 놀이 공간과 조금 떨어진 곳에서 지켜보며 휴식할 수 있는 여유가 생긴다. 그러나 윤호는 깔깔 웃으며 뛰어놀다가도 한순간 공포가 생기면 갑자기 울어버리거나 주변 지형지물을 확인하지 않고 반사적으로 방향을 틀다가 다치는 경우가 있어 내가 늘 아이 시야에서 벗어나지 않고 지켜봐 주는 편이다.

그래서 그날도 트램펄린에서 아이들이 노는 모습을 바라보고 있었다. 놀다가 흥이 오르니 윤호는 가장 가까이에 서 있던 진우에게 가위바위보를 제안했다.

"가위바위보!"

윤호의 놀이는 여기까지였다. 그런데 진우에게는 가위바위보가 곧 술래잡기로 연결됐던 모양이다. 가위바위보가 끝나자마자 진우가 윤호를 잡겠다고 꿀렁대는 트램펄린 위를 달리기 시작했다. 윤호는 누군가 본인을 잡으러 오는 걸 굉장히 무서워한다. 친구랑 함께 놀고 싶어서 딴에는 최선을 다해 도망쳐보다가 곧 잡힐 것 같으니 공포감에 그냥 울어버린 것이다.

"무서웠어. 엉엉."

"윤호야, 엄마한테 와봐. 괜찮아, 그럴 수 있어. 진우야, 놀랐지? 너 때문에 우는 거 아니고, 이 친구는 누가 잡으러 오는 걸 좀 무서워하거든. 그래서…"

"야, 김진우! 또 너지! 네가 그랬지!"

잔뜩 흥분한 진우 엄마 목소리가 뒷말을 뚝 잘라버렸다.

"저… 진우가 그런 거 아니에요. 같이 잘 놀다가 저희 애가 무서워져서 혼자 울음이 터진 거예요."

적어도 30분간 바라본 진우는 다소 과격하고 표현이 거친 면은 있었지만, 동선이 겹치는 친구를 민 적도 없고 순서가 겹칠 땐 기다릴 줄도 아는 아이였다. 아이 엄마는 진우가 아이들을 울린 전적이 많아 당연히 그런 줄 알았다며 민망해했지만, 진우 표정은 썩 개운해 보이지 않았다. 내 마음이 개운치 않았던 건지도 모르겠다.

그때 떠오르는 장면이 있었다. 세 돌이 막 지났을 무렵 놀이터에서 있었던 일이다. 마주 오던 아이와 같은 방향으로 장애물을 피하다 부딪혔는데 공교롭게도 상대는 바닥으로 엎어졌고 윤호는 그 자리에 그대로 서서 이마를 문지르고 있었다. 가까이 가서 확인하니 윤호는 괜찮다고 했고, 넘어진 아이는 놀랐는지 창피했는지 아니면 넘어지면서 아팠는지 알 수 없지만 크게 울었다.

"괜찮니? 서로 같은 방향으로 피하다가 부딪혔네. 다치지 않아서 다행이다. 우리도 조심할 테니까 놀이터에선 서로 조심하자"라는 말을 건네려고 다가갔는데 상대 엄마의 아이 달래는 소리가 들렸다.

"친구가 키도 크고 힘도 세서 똑같이 부딪혀도 네가 튕겨 나간 거지, 쟤가 너를 일부러 민 건 아니야."

"아니야, 아니라고. 진짜 밀었다고!"

"그래 그래, 알았어. 네 말이 맞아. 봐, 저기 친구도 미안하니까 사과하러 와서 기다리잖아."

물론 상대 엄마는 아이 울음이 길어지니 달래려고 던진 말이었으리라. 그러나 잘못하지 않았는데 묘하게 가해자가 되는 듯한 분위기에 근처를 빙빙 돌던 우리까지 불편해지기 시작했다. 아이는 여럿이 있는 자리에서 넘어진 게 부끄럽고 자존심 상해서 더 화를 내는 듯 보였고, 나는 빨리 상황을 정리하고 싶었다.

"저… 많이 다친 건 아니죠? 저희가 계속 기다리면 불편해하실 거 같아서."

아이는 갑자기 조용해졌고, 나는 처음에 하려던 말을 똑같이 했다. 기다렸을지 모를 사과는 하지 않았다.

예전에는 우리 잘못이 아니더라도 일단 상대 아이가 울면 습관적으로 혹은 내 마음 편하려고 미안하단 말부터 했는데, 그게 아이에게 좋은 본보기가 아니라는 걸 깨달은 적이 있다. 잘못하지 않았는데도 엄마가 자꾸 미안하다고 하면 억울함과 혼란스러움만 가중될 것 같았다. 그 뒤로는 사과를 남발하는 사람이 매너 있는 게 아니라 잘못했을 때 적절하게 사과하는 사람이 진짜 용기 있는 거라고 아이에게 가르치고 있었는데 마침 일이 벌어진 것이었다. 윤호에게는 친구가 넘어진 게 부끄러워서 그렇게 말한 것 같다고, 우리도 그럴 때가 있으니 이해하자고 말하고 얼른 자리를 피했다.

트램펄린을 타고 온 날 밤에도 아이와 누워 낮에 있었던 일을 도란 도란 나누며 잠을 청했다.

"잠깐만, 나는 누가 잡으러 오면 무서워. 차라리 내가 술래할게!"

다음엔 비슷한 상황이 닥치면 이렇게 얘기해보자고 속삭였더니, 알겠다고 웃으며 아빠에겐 낮에 있었던 일을 비밀로 해달라고 했다. 다들 잠자리 독서를 강조하지만, 나에겐 아이와 깊은 이야기를 나눌 수 있는 잠자리 대화가 더없이 소중하다.

비교하는 마음도,
경쟁하는 마음도 씻어주는
매일 밤 엄마표 즉석 동화

'키 크고 힘이 세다'는 이유로 애꿎은 가해자가 될 뻔했던 날, 놀이터에서 돌아오면서 곰곰이 되짚어봤다. 체격이 커서 타격이 적었던 것도 사실이지만, 그래서 친구랑 놀다가 친구가 혼자 넘어졌을 때 윤호가 밀친 것으로 오해받은 적도 없지 않았다. 상황을 조리 있게 설명할 수 있는 월령이 아니니 내가 모르는 사이 비슷한 상황이 반복되면 키가 크고 힘이 세다는 사실이 자칫하면 외려 아이를 위축시킬 수도 있었다.

키, 몸무게, 얼굴형 등 사람은 외모도 각기 다르고 재능도, 취향도 모두 다르다는 걸 말해줘야겠다고 생각했다. 유치원 입학을 앞두고 있어서 더 그랬다. 유치원에 가면 키가 큰 아이, 작은 아이도 있을 거고, 체구가 작은 아이, 덩치가 큰 아이도 있을 테니 말이다. 그뿐인가, 누군가는 한글을 읽고 쓸 줄 알 것이고 누구는 영어를 말할 줄 알 것이며 또 누군가는 달리기를 잘할 것이다. 단체생활을 하다 보면 그 속에서 비교도 경쟁도 평가도 하게 될 테니 너희는 어디가 예쁘고 무엇을 잘해서가 아니라 존재만으로도 소중하다는 것을 아이 마음에 조금씩 심어주고 싶었다.

놀이터에서 벌어진 작은 접촉사고를 계기로 나는 매일 밤 아이에게 3분 즉석 동화를 들려주기 시작했다. 아이는 잠자리에 들기 전 괴물 이야기를 요청하며(아이가 좋아하는 액체괴물이 주인공) 대본 없이 흘러나오는 엄마의 이야기에 집중해주었고, 나는 내가 가진 순발력을 총동원해 아이에게 다 전하지 못한 말을 동화에 담아 전했다. 딱 네 살 수준이었지만 아이에겐 꽤 효과적이었다. 그중 두 편을 소개해본다.

#이야기 하나.

　　키가 아빠보다 더 큰 괴물이랑 키가 콩알보다도 작은 괴물이 있었어. 이 둘은 서로 친구인데도 키 차이가 너무 커서 인사하는 것도 힘들 정도였어. 둘은 친구였지만 같이 놀기는 어려웠어. 큰 괴물은 힘이 세서 작은 괴물의 물건을 들기만 해도 손잡이가 떨어지고 부서지고 자꾸 고장이 나는 거야. 작은 괴물은 큰 친구가 넘어져 있으면 일으켜 주고도 싶고 도움도 주고 싶었지만 아무리 힘을 줘도 도울 수 없었고.

　　그러다 마을의 대청소날이 됐어. 액체괴물들은 굴러다니면서 각자 집에 있는 먼지를 온몸에 붙이며 우당탕 청소를 했지. 큰 괴물은 몸을 한 번 두 번만 굴려도 청소가 끝났는데 작은 괴물은 너무 오래 걸렸어. 일찍 청소를 끝낸 큰 괴물은 아무리 기다려도 소식이 없는 작은 친구네 집으로 갔어. 그랬더니 작은 괴물이 헥헥거리며 계속 바닥 먼지를 몸에 붙이고 있네?

　　"내가 도와줄게!"

　　큰 괴물이 말하더니 휘리릭 한 번 만에 바닥을 다 쓸었어. 구석구석은 작은 친구가 맡았지. 몸집이 크다 보니 작은 틈 사이는 들어가지 않았거든. 작은 괴물이 생각했어. '나도 도움을 줄 수 있겠는데?'

　　"고마워. 덕분에 빨리 끝났다. 이번엔 너희 집에도 가자. 네가 못했던 좁은 곳들은 내가 깨끗하게 해결해줄게!"

　　큰 괴물의 어깨에 올라타고 집에 간 작은 괴물은 깜짝 놀랐어. 정말 넓은 자리만 청소가 되어 있고 구석구석 틈새에는 먼지가 뽀얗게 앉았더라고.

키 크고 힘이 센 괴물과 콩알보다 작고 힘도 약한 괴물은 달라도 너무 달라서 같이 놀기도 힘들었잖아. 그런데 이 둘은 서로 작다고 무시하거나 크다고 놀리지 않았어. 모두가 다른 거구나 생각하고 각자 가진 장점을 합쳤더니 두 집이 마을에서 가장 깨끗한 집이 됐대.

#이야기 둘.

동그라미들만 모여 사는 마을이 있었어. 어느 날 세모가 이사를 온 거야. 세모는 친구를 만들고 싶어서 놀이터에 갔는데, 동그라미들은 뾰족하게 생긴 세모를 처음 보고는 같이 놀아주지 않았어.

"쟤는 우리처럼 구르지도 못할 거야. 뾰족뾰족 너무 이상하게 생겼는데? 가까이 가지 말자, 킥킥."

수군거리기만 하고는 자기들끼리 숨바꼭질을 시작했어. 속상한 세모는 조용히 한쪽에서 구경했어.

"꼭꼭 숨어라, 머리카락 보일라~ 다 숨었니? 찾는다!"

동그라미들이 데굴데굴 굴러서 놀이터 여기저기로 잽싸게 숨는데, 아기 동그라미 하나가 숨을 곳을 찾다가 세모 앞에서 넘어져 버렸어. 세모가 조용히 속삭였지.

"괜찮아? 내가 도와줄게. 쉿, 비밀이야."

그러고는 동그라미 옆에 착 붙어서 얼음처럼 가만히 있었어. 동그라미 옆에 세모가 붙어서 물고기 모양을 만든 거야. 친구들을 다 찾은 술래 동그라미는 그대로 멈춰라 중인 아기 동그라미를 보고 웃음이 터져버렸어. "아잇, 물고기 속에 숨어서 못 찾을 뻔했네. 여기 찾았다!"

아기 동그라미는 넘어졌을 때 괜찮냐고 물어봐 주고 숨을 데가 없으니 물고기 모양을 만들어준 세모 이야기를 해줬어. 동그라미들은 세모에게 미안하다고 사과했지. "너의 뾰족한 생김새만 보고 이상하다고 말한 거 미안해. 우리 친구할래? 사실 우리 마을에서 물고기 모양을 만들어낸 것도 네가 처음이야."

세모는 날아갈 듯이 기뻤어. 동그라미와 세모가 만나면 아이스크림도 만들 수 있고, 나무도 만들 수 있다면서 쫑알쫑알 떠들었어. 동그라미들은 앞으로 생김새가 다르고 낯설어도 마음을 열어야겠다고 생각했대. 겉모습보다는 마음이 중요하니까.

때리는 친구가 있을 때

공감 먼저, 그다음에 훈육

오랜만에 만난 친구가 고민을 털어놓았다.

"하민이네 어린이집에 폭군 같은 아이가 하나 있어. 그냥 때리는 정도가 아니라 원 아이들 얼굴에 상처가 하나씩 다 있고, 심지어 며칠 전에는 의자를 던졌다니까. 원장님도 딱히 대안을 못 주시니 어린이집을 퇴소해야 하나 고민 중이야. 윤호네는 그런 일 없어?"

"없는 거 같은데, 모르겠네. 그런데 원장님도 대안을 못 주신다고? 그럼 나라면 등하원 시간에 기다려서라도 윤호랑 같이 상대 아이를 만나서 타이를 거야. 선생님이 못해주시면 내 아이한테는 엄마가 든든하게 지켜준다는 느낌을 받도록 해줘야지."

그러고 보니 윤호에게 그런 이야기를 들은 적은 없었다. 다섯 살은 감정을 조절하고 충동을 억제하는 전두엽이 발달하는 시기이지만 아직 완벽하지 않고 개인차도 매우 커서 갈등이 생기면 여전히 힘으로 해결하려는 아이들이 더러 있다. 반복해서 상냥하게 일러주는 것이 가장 좋은 훈육이지만, 교사 한 명이 15명에서 많게는 24명의 아이를 봐야 하는 현실에서는 솔직히 아이들의 갈등상황, 문제상황을 제때 발견해주기만 해도 운이 좋은 건지 모른다.

그날 아이에게 물었다.

"혹시 너희 유치원에도 때리는 아이가 있니?"

"응. 한민영. 선생님도 만날 때리고 윤호도 때려."

"정말? 그러면 윤호는 어떻게 해?"

"원래는 선생님을 불러야 하는데 선생님이 부르기도 전에 오셔. 그러곤 '때리면 안 돼요' 해주시지."

한결 마음이 놓였다. 힘으로 맞서는 경우가 생기면 선생님이나 어른들께 도움을 요청하라고 가르쳐 왔으니까. 그런데 이어지는 아이 말이 의외였다.

"근데 소용없어. 민영이는 선생님도 계속 때려. 엄청 많이, 엄청 세게!"

선생님께 도움을 청하라 했는데, 도움을 주어야 할 대상이 오히려 당하는 모습을 봤으니 아이가 어떻게 받아들였을지 고민이 되었다.

그렇다고 아이 앞에서 무작정 그 친구를 나쁘게 평가할 수도 없는 노릇이었다.

"많이 아프시겠다. 사실 선생님은 어른이라 민영이보다 힘도 더 센데 민영이가 다른 친구들을 때릴까 봐 방패처럼 다 막아주시는 거네. 그리고 민영이가 혹시 윤호도 때리면, 때리는 건 나쁜 거라고 한 번만 말해줘. 그래도 또 그러면 지금처럼 선생님을 부르고."

"응. 근데 걔는 정리하자고만 하면 자꾸 때리더라?"

아….

"민영이는 아쉬울 때 좀 더 놀고 싶다고 말로 표현하는 법을 아직 못 배웠나 보다. 윤호는 엄마가 때리는 건 안 되는 거라고, 진짜 속마음은 말로 해달라고 알려줬잖아. 민영이 부모님도 곧 가르쳐주실 거야. 선생님도 알려주실 테니까 우리 그때까지 조금만 이해해주자."

"그럼, 그 정도는 나도 이해하지."

유치원에 오전만 보내고 일찍 하원하는 고정 멤버는 윤호와 여자아이 한 명뿐인데, 하루는 선생님 뒤로 세 명이 쪼르륵 한 줄 기차를 서며 교문 앞까지 나왔다. 차례차례 하원 순서를 기다리고, 세 번째 신규 멤버인 남자아이의 할머니가 담임선생님과 이야기를 나누던 중이었다. 그 아이가 아무 말 없이 다가오더니 윤호를 슬며시 안아주었다. 윤호는 '얘가 왜 이러나' 하는 표정으로 멋쩍게 웃었고, 나는 휴대폰 시계를 확인하는 시늉을 하며 못 본 척해주었다.

"아이 참, 엄마! 쟤가 한민영이야."

"어머, 정말? 민영이가 윤호를 좋아하는구나."

"응, 쟤는 윤호가 유치원 갈 때마다 좋다고 해. 근데 선생님을 아직도 때려."

그러고는 얼른 화제를 돌렸지만, 쑥스러워하던 아이 모습이 귀여웠다. 거친 친구지만 밀어내지 않고 다가오면 다가오는 대로 편견 없이 즐겁게 어울려 놀았다는 윤호 말도 고마웠다. 솔직히 말하면 민영이가 어른들이 대화에 집중하는 사이 살짝 다가와 포옹한 것이 조금 뭉클했다. 마치 할머니와 선생님이 안 볼 때 슬쩍 진심을 내보이는 것처럼 느껴졌다.

윤호가 어릴 땐 친구와 놀다가 조절이 미숙해 밀치거나 손이 먼저 나가면 그 자리에서 바로바로 알려주었다. 다만 무조건 '때리면 안 된다'고 결론만 말하기 전에, 왜 그런 행동을 했는지 이해한다는 말을 먼저 했다.

"윤호가 먼저 놀고 있었는데 친구가 가져가려고 해서 밀쳤던 거지? 엄마도 봤어. 그래도 미는 건 안 되는 거야. 알겠지? 미안해~ 하자."

"친구야, 아줌마 보기에도 윤호가 먼저 했으니까 한 번만 하고 줄게. 밀친 건 미안해."

"윤호야, 이럴 땐 '내가 먼저 한 번만 하고 빌려줄게' 이렇게 말로 하기, 알겠지?"

공감과 훈육 그리고 대안 제시. 간단한 일이지만 이걸 제대로 하려면 엄마의 관찰이 절대적으로 필요하다. 놀라운 사실은 이 방식을 윤호뿐 아니라 다른 아이들도 거부하지 않고 이해해준다는 것이다. 괜히 화부터 내거나, 갈등을 유발한 장난감을 더는 갖고 놀지 못하도록 뺏거나, 거짓으로 상황을 종료시키는 억지스러운 연출을 동원하지 않고도 누구 하나 울지 않고 얼마든지 평화롭게 갈등을 풀어갈 수 있다. 서너 살 아이들도 충분히 가능했다. 이 나이 때는 모를 거라고, 어려서 안 될 거라고 대충 넘어가지만 않으면 뭐든 가능했다. 하루아침에 이루어지는 건 없었다.

더 놀고 싶은 마음을 알아주면

아쉬움이 서운함이 되지 않도록

오랜만에 놀이터에 갔더니 윤호 친구 율이가 있었다. 엄마랑 장을 보고 집에 가는 길에 놀이터를 그냥 지나치지 못하고 30분째 노는 중이었다. 엄마가 이제 집에 가자고 계속 채근해도 율이는 끄떡없었다. 윤호도 놀이터에 도착하자마자 미끄럼틀부터 정복하기 시작했다.

"바쁜 일 있어요?"

"청소를 못 해서. 집도 치워야 하고 저녁도 해야 하고 할 일이야 늘 많지."

"율이는 어차피 놀기로 작정했구먼, 이왕 노는 거 마음 편하게 놀게 해주면 어때요?"

"나도 이게 문제긴 한데, 쟤는 계속 말하지 않으면 끝이 없어서. 집에 가자고 가자고 수십 번을 말해야 겨우 들으니 어쩔 수가 없어."

마음은 충분히 이해가 되었다. 놀이터를 그냥 지나칠 수 없는 다섯 살 율이의 반응도 너무 당연했다. 그때 윤호가 부르는 소리에 잠시 대화를 멈추고 아이에게 가서 셋이 같이 놀기 시작했다. "안 내면 술래, 가위바위보!" "무궁화꽃이 피었습니다!"

몇 번 하고 나니 아이들은 또 새로운 놀이를 제안했다. 이번엔 그네 쪽으로 갔다.

"율아, 잠깐만. 엄마가 집에 가야 한다고 하셨으니까 몇 분 더 놀 수 있냐고 여쭤볼래?"

"윤호야, 잠깐만. 율이가 놀이터에 먼저 왔잖아. 곧 가야 할 거야. 조금만 더 놀고 헤어질 거 같으니 알고 있어."

그네 쪽으로 가던 두 아이를 불러 세우고 나는 각자에게 이야기를 전달했다.

"딱 5분만 더 있다 갈 거야. 근데 그네엔 사람도 많고 기다리다가 시간만 다 가니까 빨리 다른 거 타고 와."

얼마나 놀 수 있는지 알고 싶었을 뿐인데, 그네 타려던 아이에게 엄마가 콕 집어 그네는 타지 말라고 덧붙이니 율이가 곤란해했다. 사실 우리가 놀이터에 도착했을 때도 아이는 '그네도 타고 싶은데'라고 중얼거렸던 참이다. '무궁화꽃이 피었습니다'를 하다가도 그네가 비어 있는지 수시로 확인했었다.

그래도 약속은 약속이니 주어진 시간은 이제 3분 남짓. 마침 그네에는 어린아이가 아닌 중학생쯤으로 보이는 누나들이 앉아 수다를 떨고 있었다.

"미안한데, 여기 동생들이 그네 잠깐만 타고 다시 비켜줘도 될까? 고마워."

"율이가 약속을 잘 지키면 엄마가 다음에 또 재밌게 놀 수 있게 해주실 거야. 아쉽지만 우리 지금부터 왔다 갔다 스무 번만 딱 하고 가는 거야. 알겠지?"

"이윤호 씨, 준비됐나요?"

누가 봐도 아쉬운 얼굴이었지만 아이들은 약속대로 왕복 20번 타고 그네에서 얌전히 내려주었다.

"아쉬울 텐데 너희들 약속 지켜주는 모습 멋지다. 율이는 엄마랑 약속한 시간 딱 지켰으니까 아줌마가 엄마한테 다음에 또 재밌게 놀자고 말해줄게."

그깟 그네 한 번 타는 게 그리 대수냐고 할지 모르겠다. 그런데 그네 타고 싶다고 자꾸 중얼거리는 모습이 마치 자기 마음을 알아달라는 표현 같아서 잠깐이라도 타고 갈 수 있게 돕고 싶었다. 아이 엄마가 잘못했다는 의미도 아니다. 해치워야 할 과제가 줄지어 기다리고 있고, 놀이터에서 놀 계획으로 나온 것도 아니니 기다리다 지치는 것도 당연했다. 문제는 엄마의 그런 사정을 아이는 이해할 수 없는 데다, 아이에겐 엄마가 애써 차려주는 밥보다 뛰어노는 게 훨씬 더 행복한 가치일 수 있다는 사실이다. 엄마와 즐겁게 뛰어놀고 싶은 욕구가 강한데 번번이 해소하지 못한다면, 날마다 손목이 떨어져 나가도록 먹이고 입히고 씻겨주고도 나중에 "엄마는 나한테 해준 게 뭐야"라는 배은망덕한 소리를 들을지도 모른다. 얼마나 억울하고 속상한가.

아이도 마찬가지다. 집에 가자는 엄마의 채근에 놀이터에서 노는 내내 마음이 불편했을 것이다. 한 시간을 놀았다 한들 과연 즐겁게 놀았다고 할 수 있을까. 자기를 부르느라 에너지를 소진하고, 집에 와서는 청소에 저녁 준비, 설거지에 목욕까지 시키고 젖은 빨래처럼 늘어져 버린 엄마의 모습을 보며 아이는 누굴 탓해야 할까.

앉아 있던 누나들을 일으키고, 타고 싶던 그네를 타고, 다시 엄마에게 달려가기까지 걸린 시간은 딱 3분이었다. 짧지만 아이 마음을 읽어주고 원하는 걸 잠시라도 들어준 것만으로도 아이는 아쉬움을 털어낼 수 있다. 반대로 욕구를 모른 척했다면 그 서운함은 두고두고 마음에 남을 것이다. 힘은 힘대로 들고 엄마도 아이도 불만족스러운 상황만큼은 육아 현실에서 최대한 비껴갈 수 있기를, 나 역시 윤호를 대할 때마다 지혜를 구한다.

실망하는 것도 당연해

아이의 감정도, 약속의 소중함도 깨지지 않도록

"아줌마, 내일은 놀이터 몇 시에 와요?"

"글쎄, 우리가 내일은 일정이 있어서 못 나오는데."

"그럼 하룻밤 더 자고 나오면 안 돼요? 5시에 만나요."

"지금 집에 가서 자면 내일 토요일인데, 또 하룻밤 자고 일요일 5시 말하는 거지?"

"네, 그날 만나요."

9시가 넘은 금요일 늦은 밤, 네발자전거를 연습할 겸 사람 없는 시간에 놀이터를 찾은 세 식구에게 다가온 아이는 윤호보다 키가 큰 일곱 살 형이었다.

"우리 같이 놀래?"

자전거 연습을 핑계로 놀이터에서 놀고 싶었던 아이는 먼저 다가와 손 내밀어준 형이 너무 좋았다. 숨바꼭질, 무궁화꽃이 피었습니다 놀이는 기본이고 날쌘 형에게 상대도 안 되는 달리기 시합도, 잡히는 쪽이 되면 무서워하는 술래잡기에도 최선을 다했다. 난생처음 신발 멀리 던지기 놀이를 할 때는 신발이 등 뒤로 날아가도 좋다고 깔깔댔다.

그렇게 조용한 놀이터에서 한참을 놀고 헤어지려는데, 형이 또 만날 수 있냐고 애프터 신청을 한다. 이렇게 고마울 데가. 아이가 좋아하니 몇 번이나 약속을 확인하면서도 한편으로는 내심 불안한 마음이 들었다.

'혹시라도 안 나오면 윤호가 엄청나게 실망할 텐데 부모님 연락처라도 물어볼걸 그랬나? 꼭 나와주면 좋겠다.'

이틀 뒤 약속의 날, 예상치 못한 변수가 생겼다. 비가 왔다. 그것도 장대비다. 남편은 비가 너무 많이 오니 집에 있자고 했다. 누적된 피로에 방금까지 물감 치운 걸 생각하면 정말로 그러고 싶었다.

"그런데 여보, 만약에 그 아이가 놀이터에 왔다가 아무도 없어서 돌아가기라도 하면 우리는 왔는지 알 수도 없잖아. 혹시 비 오는 날 나가는 문제로 엄마 아빠랑 실랑이라도 벌이고 나온 거면 어휴… 그 마음을 어떡할 거야. 우리 둘이 가보고 올게."

평소 윤호와는 비 오는 날에도 개의치 않고 자주 나가 놀았지만, 그런 날 밖에 나와 노는 건 거의 우리뿐이었다. 보슬비도 아닌 장대비가 내리는데 형아가 나올 것 같진 않았지만 만약을 위해 나가보기로 했다. 실망할 윤호를 위해서도 차라리 잘됐다 싶었다. 약속이 틀어져도 날씨 때문이라고 하면 아이가 이해해주겠지. 우비를 챙겨 입으며 아이에게 말했다.

"놀이터에 가도 형아가 없을 수 있어. 비가 이렇게 많이 올 줄 엄마도 몰랐거든. 만약 형아가 없어도 오늘은 너무 서운해하지 말고 이해해주자. 형아 부모님은 우리가 못 만났지만, 비 오는 날 놀면 감기 걸릴까 봐 허락 안 해줄 수도 있어."

"응, 윤호는 서운하지 않아. 엄마랑 둘이 놀아도 괜찮아."

형이 없어도 너무 실망하지 않기를, 그렇지만 약속을 소중히 여기는 마음도 깨지지 않길 바라며 요리조리 대화를 나눴다.

도착한 놀이터는 역시 텅 비어 있었다. 괜찮다던 아이 얼굴에는 실망한 기색이 역력했다.

"좀 속상하긴 하지? 기대했으니까 실망하는 것도 당연해. 형아도 아마 나오고 싶었을 거야. 다음에 만나게 되면 우리는 약속 지켰다고 꼭 이야기해주자. 이왕 나온 거 둘이 재밌게 놀까?"

"좋아."

순간순간 아이의 감정을 짚어주고 인정해주는 것이 그 어떤 좋은 책을 읽어주는 것보다 효과적이라고 느꼈다.

빗속에서 한 시간쯤 놀았을까, 기적 같은 일이 일어났다. 놀이터로 우산 쓴 아이가 한 명 들어오는데 시선을 내려 보니 신발 던지기 할 때 날리던 낯익은 운동화가 보인다.
"형아다, 형아!"
알고 보니 그 아이는 저녁을 먹고 나오느라 늦은 거였고, 부모님께는 놀이터 약속에 대해 말하지 않은 듯 보였다. 궂은 날씨에 아이가 꾸역꾸역 놀이터에 간다고 하니 걱정이 된 할머니가 따라 나오셔서 상황을 확인하신다. 그러고는 한마디 던지고 쿨하게 집으로 가셨다.
"이 꼬마 집에 갈 때 너도 집으로 와."
그렇게 다섯 살, 일곱 살 아이 둘은 두 번째 만남에서 머리부터 발끝까지 홀딱 젖은 채 물웅덩이에서 찰박찰박 첨벙첨벙 물장난을 치면서 캄캄해질 때까지 뛰어놀다가 다음 만남을 기약하며 헤어졌다. 스마트폰이 없어도 약속의 소중함을 알고 지키는 아이들에게 오히려 우리 어른들이 배워야 하는 건 아닐까 생각했던 비 오는 가을날이었다.

'Fail'은 다시 할 수 있다는 뜻이야

밤새워 큐브 박사가 된 날

"엄마, 이거 맞춰줄 수 있어요?"

우연히 TV에 나온 열한 살 큐브 챔피언 누나를 본 뒤로 아이는 큐브를 매일 들고 다녔다. 큐브 챔피언 누나처럼 손가락에 힘을 주고 요리조리 멋있게 돌리는 시늉도 했다. 그런데 더는 진도가 나가지 않으니 금세 흥이 떨어지는 것 같았다. 며칠 전 3×3 큐브를 들고 왔을 때는 현재 상태와 똑같이 입력하면 그대로 따라 할 수 있도록 풀이법이 나오는 앱을 찾아주었다. 46개월 아이에겐 360도로 회전하는 정육면체 큐브 화면 위에 뒤섞인 큐브 색깔을 똑같이 채우는 것도 만만치 않은 과제였다. 그런데 며칠을 신나게 입력하고 따라 맞추더니 이번엔 갑자기 2×2 큐브를 들고 와서 맞춰줄 수 있냐고 묻는다. 이런, 2단 큐브는 풀이 앱이 없던데….

밤 9시, 그래도 3단 큐브보다는 쉬울 테니 일단 받아 들고 유튜브로 각종 큐브 해설 동영상을 찾아보기 시작했다. 〈한글만 알면 푸는 왕초보 큐브〉, 〈큐브 1분 안에 해결하기〉, 〈4세 이상 큐브 도전〉 등 많이도 나왔다. '한글만 알아도 한다고? 4세 이상이면 한다 이거지?'

각종 동영상을 한 장면씩 일시 정지해가며 천천히 따라 하다 보니 금방 풀릴 것 같았다.

"어, 풀 수 있을 것 같은데?"

아이는 동동거리며 달려와 정말이냐면서 기대 어린 눈빛으로 주위를 맴돌았다. 그런데 거의 다 됐다고 생각했던 바로 그 부분에서 일이 어그러지기 시작했다. 아무리 해도 같은 자리에서 실패 또 실패다.

"엄마, 괜찮아. 노력하면 할 수 있을 거야!"

자정이 다 되도록 옆에 앉아 격려해주는 아이에게 너무 늦었으니 자고 있으면 엄마가 아침까지 반드시 풀어놓겠다고 약속했다.

종일 아이와 외출하고 돌아와 녹초가 된 상태에서 몇 시간째 자그마한 2단 큐브를 조물딱거리고 있자니 눈도 아프고 머리도 멍한 게 농락당하는 기분도 들었지만, 짜증내지 않고 포기하지 않고 계속 시도하는 모습을 보여주는 것이 백 마디 말보다 훨씬 큰 위력을 발휘할 터라 그만둘 수가 없었다.

모두 잠든 새벽 4시, 드디어 큐브를 완성했다. 누구는 9초 만에, 누구는 4초 만에 휘리릭 맞춰버리는 걸 7시간이나 걸리다니 자괴감이 들 수도 있겠으나, 잠든 아이를 깨워서 자랑하고 싶은 마음이 훨씬 더 컸다. 엄마 포기하지 않았다고. 큐브 두 알이 억지로 돌아가 있어서 실패할 수밖에 없었는데 결국 찾아내 맞췄다고. 아이 머리맡에 완성한 큐브 두 개를 나란히 놓고 베개에 머리를 대자마자 아침이 밝았다.

"뭐야, 엄마. 정말 완성한 거야? 우와! 졸리지 않았어? 내가 안아줘서 힘이 난 거야?"

"졸렸지, 엄청. 윤호가 유치원 갈 때 엄마가 안아주면 에너지가 충전돼서 보고 싶을 때마다 참을 수 있었다고 했잖아. 엄마도 새벽에 아들이 안아준 거 떠올리면서 참았지."

"정말? 엄마 최고!"

얼마 뒤 아이는 씨익 웃으며 3×3 큐브를 내밀었고, 2박 3일의 사투 끝에 3단 큐브 공식도 완벽히 외우는 데 성공했다. 이젠 아무리 섞어도 몇 분이면 맞출 수 있는 내공이 생겼다.

"우리 엄마도 큐브 못했었는데 열심히 공부해서 이젠 다 맞출 수 있어요!"

노력해서 해냈다고, 엄마의 과정을 자랑하는 아이가 고마웠다.

나는 한두 번 대충 해보다가 던져놓고 못하겠다고 포기해버리면서, 아이에겐 아무리 어려운 문제가 나와도 포기하지 말고 끝까지 풀어보라고 말할 수는 없는 노릇이다. 설사 큐브를 못 풀었다 해도 최선을 다해 시도하는 엄마의 태도가 아이에게 배움이었길 바랐다. 어려운 문제를 놓고 일주일, 열흘을 째려봐도 풀어보려는 마음이 없다면 무의미하다는 걸 우리는 학창 시절에 이미 경험했다. 마음으로는 이미 문제 풀기를 포기해놓고 눈으로만 째려본 적도 있다. 가짜 공부였다.

하루는 윤호가 자기만의 방식으로 모양 비눗방울을 만들다가 그만둔 적이 있다.
"엄마, 이번에도 실패했어."
"또 실패야."
"에잇!" 사실은 성공할 리가 없는 실험이었다.
"안 해봤으면 실패하는지 결과조차 알 수 없었을걸? 실험에는 성공도 없고 실패도 없어. 윤호는 실패한 게 아니라 이 방식은 안 되는 거구나! 하고 지금 안 되는 방법을 찾아낸 거야. 다음엔 그걸 빼고 다른 방법을 시도하면 되는 거지. 과학자들도 다 그렇게 해."
그날 아이는 진심으로 기뻐했다.
게임에서 'Fail'이 나오면 아이들은 다시 할 수 있다는 뜻이라며 좋아한다고 했다. 많은 생각을 하게 했다. 실패가 별건가. 앞으로 만나게 될 수많은 실패 앞에서 낙담하지 않고 즐길 수 있는 아이가 되기를 나는 계속해서 응원해줄 것이다.

희로애락 모든 감정은 모두 소중해

"울면 안 돼. 울면 안 돼. 산타 할아버지는 우는 아이에게 선~물을 안 주-신대."

저녁을 먹으며 아이는 크리스마스 캐럴을 몇 번이고 반복해서 불러댔다.

"그 노래 좋아?"

"응, 너무 신나. 엄마도 이 노래 알아?"

"그럼 알지! 윤호도 받고 싶은 선물이 있어?"

아이에게 다섯 번째 겨울이 왔다. 지금까지는 아이와 산타에 대해 이야기 나눈 적도 없고 크리스마스 전날 밤 선물을 준비한 적도 없었다. 매년 예수님 탄생 이야기만 간단히 해주었다. 우선은 아이가 산타나 선물에 관심이 없었고, 평소 많이 누리고 있다고 생각해 성탄절이나 어린이날, 아이 생일에도 특별대접 없는 일상을 보내며 작은 케이크에 초 하나 켜놓고 소소한 감사를 나누곤 했다. 그런데 오늘은 산타 할아버지 노래를 저녁 먹는 내내 불러대다니 올 크리스마스엔 과연 산타를 기다릴지 궁금해졌다.

"받고 싶은 선물은 있는데, 윤호가 착하긴 하지만 쪼끔 나쁠 때도 있어가지구…."

"왜 그렇게 생각했어?"

"우는 아이한테는 선물을 안 주는데 약간 운 적도 있으니까."

"아, 윤호가 가끔 운 적이 있어서 나쁘다고 생각했구나. 엄마가 뭐라고 했지? 슬플 때는 참지 말고 울어도 된다고. 슬플 때나 화가 날 때도 무조건 참는 건 좋은 게 아니거든. 아무 때나 화내고 아무 때나 울고 떼쓰는 건 엄마도 들어주지 않잖아. 산타 할아버지가 선물 안 준다고 하는 '우는' 아이는 그런 걸 말하는 거야."

"정말? 그럼 윤호가 쫌 착하지."

산타와 선물은 솔직히 나에게 중요하지 않다. 아기 때부터 울거나 화를 내면 엄마가 들어주지 않으니 예쁘게 말로 표현해달라고 가르쳤다. 그 대신 아이가 차분히 말로 해주면 새벽 2시든 4시든 자다 깨서 놀자고 해도 들어주었다. 그만큼 나에게 최우선 순위는 아이가 감정을 추스르고 말로 표현하는 걸 가르치는 것이었다.

엄마의 말을 이해한다고 판단한 순간부터는 던지기와 때리기 금지를 가르칠 때처럼 떼쓰며 요구하는 건 들어줄 수 없다고 선을 그었다. 울음이 터지면 안아주며 기다렸고, 그런 다음 말로 해달라고 수십 번, 수백 번을 반복했더니 세 살 때부터 스스로 눈물을 멈추고 원하는 걸 이야기했다.

단, 아이 수준에 맞는 업데이트는 필수다. 무한한 감정의 스펙트럼을 몇 개의 단어로 설명하다 보면 어긋남이 생길 수 있기 때문이다. 예컨대 울음 대신 말로 표현해달라고 강조하다 보면 자칫 '울음은 무조건 참아야 하는 것'이라는 인식이 생길지 모른다. 윤호는 울음이 긴 편은 아니지만 속상할 때, 아플 때, 슬플 때, 특히 밤에 무서운 꿈을 꿀까 걱정되면 눈물을 보였다. 그럴 때면 꼭 안아주며 말했다.

"울어도 괜찮아. 우는 건 부끄러운 게 아니야. 누구나 기쁠 땐 웃고 속상할 땐 우는 게 당연한 거야. 아기 땐 말이 서툴러서 울음 말고는 표현할 수 있는 게 없지만, 지금은 원하는 게 있으면 말로 너무 잘 표현해주잖아. 무섭고 슬플 땐 울기도 하고 그러는 거야."

"응, 엄마. 지금은 울음을 참을 수가 없어. 흐엉~"

한 번은 자정이 다 된 시각에 새우깡을 신나게 먹어놓고 갑자기 울음을 터뜨린 적이 있다. 양치를 이미 했지만, 평소에도 과자가 너무 먹고 싶을 땐 양치 두 번을 선택하고 과자를 먹는 아이라 그날도 지켜보던 중이었는데 한참을 울며 같은 말을 반복했다.

"진짜 나중에 먹으려고 했는데, 진짜 안 먹으려고 생각했는데, 진짜 안 먹어야지 했는데 먹어버린 자체가 너무 슬퍼. 으엉엉엉엉~"

불혹을 앞둔 엄마 아빠도 무한 다이어트 중이거늘 45개월 아이가 절제하지 못하고 과자를 먹어버린 게 속상하다며 울고 있었다.

"엄마는 네가 그런 멋진 생각을 한 줄 상상도 못했어. 안 먹어야지 생각했더라도 먹은 게 뭐 어때? 먹고 다시 양치하는 것도 귀찮은데 윤호는 지키잖아. 그거 쉬운 일 아니야."

울음의 원인은 다양했고, 나는 그 이면에 숨은 다양한 감정의 조각들을 최대한 왜곡하지 않고 만나게 해주려 노력했다.

분노의 영역도 마찬가지다. 아이에게 감정 섞인 화를 쏟아낸 적은 없다고 자부하던 즈음, 아이는 요구사항을 즉각 들어주지 않으면 보란 듯이 깊은 한숨을 내쉬었다.

"어후우~"

아이 역시 화를 내지 않았고 자기 할 일을 태연하게 이어갔지만 영 께름칙했다. 한번 의식하기 시작한 뒤로는 모든 대답이 한숨으로 들렸다. '혹시 나인가. 정말 나인가. 나도 가끔 한숨을 쉬긴 했지.'

"혹시 말이야. 엄마가 네 앞에서 어휴, 이런 적 있니? 엄마는 잘 기억이 안 나는데 윤호 앞에서 한숨 쉬었으면 엄마도 조심할게. 어른도 틀리면 고쳐야 하거든. 윤호도 그거 안 하면 좋겠어."

"아니, 엄마 그런 적 없는데."

다행이긴 하지만 의문은 풀리지 않던 와중에 상황을 전해 들은 남편에게 톡이 왔다.

〈그거 난데? 미안.〉

범인은 남편으로 밝혀졌지만, 솔직히 나도 그랬다. 힘들고 짜증난다는 말을 애써 누르고 한숨으로 대신했다. 아이의 한숨도 이렇게 유쾌하지 않은데, 엄마의 한숨을 듣는 아이는 얼마나 싫을까. 아이에게 가르쳤던 걸 나 자신도 실천하기로 했다. 한숨이 자꾸 나오려 할 때면 감정을 솔직하게 표현하기.

"엄마는 외출하려면 챙길 게 많아서 마음이 바빠. 윤호가 도와주지 않으면 결국 늦어서 화를 내게 돼. 외출 준비할 때만큼은 도와줄 수 있을까?"

아이는 이제 TV를 보다가도 "아차, 너무 재밌어서 깜빡했다"라고 시키지도 않은 사과를 하며 먼저 현관에 나가서 엄마를 기다린다.

남편과 고성이 오간다거나 아이에게 불호령을 내리는 유형은 아니지만, 의견이 달라 분위기가 냉랭해졌을 땐 그날 바로 아이 앞에서 사과하거나 엄마 아빠의 생각이 달라 목소리가 조금 높아진 거라고 설명해주었다. 이것이 우리 가족의 '화'를 다루는 방식이다.

아이의 부정적 감정은 나에게 오히려 기회였다. 그리고 아이가 엉뚱한 상황에서 황당한 신경질을 낼 때도 언제나 나름의 이유가 있었다. 아기가 혼자 뒤집고 기고 서고 걸음마하는 과정을 보며 왜 그것밖에 못하느냐고 다그치는 부모는 없을 것이다. 그것처럼 '자기조절력'을 대근육이라고 생각하며, 아이가 아무리 짜증내고 울어도 '녀석, 붙잡고 서 있다가 혼자 걸어보려고 시도하는 중이구나' 하고 너그럽게 이해해주는 부모들이 많아지면 좋겠다. 그리고 아이가 초대하는 마음 깊은 곳까지 들어가 보는 특권을 꼭 누리면 좋겠다.

5장

매운맛 아이, 조금 더 정교하게 보듬어주기

예민한 아이 vs. 예민해진 아이

"윤호가 예민한 기질이라…."
"우리 애도 한 예민 하잖아. 뭐만 하면 만날 싫대."
"솔직히 안 예민한 애가 어딨어? 애들은 다 예민하지."
"모래놀이 갔더니 묻은 거 털어달라고 울고불고 어후, 그러면서 또 그만하긴 싫다는 거야."

엄마들이 모이면 어느새 누가 누가 더 예민한가 겨루는 장이 되곤 한다. 예민한 아이란 갓난아기 때부터 이유 없이 울며 보채고 자주 깨고, 소리나 온/습도 같은 주변 환경의 변화를 금세 알아차리고 반응하는, 기질적으로 까다로운 아이difficult child를 가리킨다.

　물론 예민한 아이만 키우기 힘든 것은 아니다. 그러나 같은 소리도 더 크게 느끼고 같은 상황에서도 더 많은 자극을 받다 보니 웃다가도 갑자기 무서워할 수 있고, 주위 환경의 작은 변화에도 불안도가 확 올라갈 수 있으며, 아주 잠깐이라도 말없이 사라지는 건 유기라고 느낄 만큼 굉장한 트라우마로 남을 수 있으므로 매사에 좀 더 조심해야 하는 건 사실이다.

　보통의 다섯 살 아이들도 무서움을 느끼고 편식을 하고, 손에 묻는 걸 거부하기도 한다. 다만 예민한 아이는 무서운 정도나 거부하는 정도가 극에 달하기 때문에 엄마와 잠시 떨어지는 것조차 괴롭고 힘든 일이 된다. 특정 소리엔 귀를 막으며 아프다 하고, 겨울에 목폴라를 입거나 단추를 다 채우는 옷을 입으면 답답함을 견디지 못해 헛구역질이 나오기도 한다.

　다른 사람의 미묘한 표정 변화를 읽어내는 도사들도 있다. 윤호 역시 그렇다. 밥도 갓 지은 밥이어야 잘 먹고 냉동했다 데운 밥은 먹는 양에서부터 차이가 난다. 한 번 냉장고에 들어갔다 나온 반찬은 아이에게 이미 다른 음식이고, 소고기는 특정 정육점에서 파는 채끝등심이어야 하며, 자장면을 먹다가 미처 골라내지 못한 양파 조각이 느껴지면 즉시 '우웩' 하고 다 뱉어버린다.

이와 달리 아기 때는 잘 먹고 잘 자던 순둥이가 점점 예민한 아이가 되는 경우도 심심치 않게 보곤 한다. 이유가 있을 것이다. 예를 들어 아이가 과자를 한 입 베어 먹을 때마다 떨어지는 부스러기를 계속 치우는 아빠, 집이 어질러지는 꼴을 견디지 못하는 엄마 밑에서 자라는 아이는 자연스럽게 부모의 행동을 학습하게 된다. 과자 흘리지 말고 깨끗하게 먹으라는 메시지를 수도 없이 들은 아이에게, 과자 부스러기 같은 모래 천지인 모래놀이터에서 남들처럼 거침없이 놀라고 다그치는 건 모순이다. 아이가 살짝만 부딪혀도 소스라치게 놀라서 걱정이라면 부모가 그동안 "안 돼, 위험해, 조심해" 3종 세트를 귀에 딱지가 앉을 만큼 외치지는 않았는지 돌아볼 일이다. 아이는 그동안 어른들의 불안을 먹고 자랐을지도 모른다.

또 다른 경우로, 떼가 많은 아이를 '예민하다'고 표현하는 경우를 종종 본다. 아이가 자주 떼를 쓰면 키우는 입장에선 지치고 힘이 들지만, 아이가 떼를 쓰게 된 근본 원인을 들여다보는 게 우선이다. 전문가의 도움을 받아야 할 만큼 난해한 고차방정식도 있지만 의외로 간단히 해결될 때도 있으니 말이다. 대개는 일관성이 부족했거나 약속을 지키지 않았을 때, 아이의 감정을 인정해주지 않았을 때, 혹은 예고 없이 아이에게 원치 않는 변화나 자극을 주었을 때 존중받지 못한다고 여겨 떼를 부리는 경우가 많다.

양육의 힘듦을 모두 아이의 예민함 때문이라 치부해버리는 건 부모와 아이 모두에게 바람직하지 않다. '자신을 한 발짝 떨어져 바라보는 연습'과 '일어난 사실과 나의 감정을 분리하는 연습'은 나의 매운맛 육아에도 큰 도움을 주었다.

물론 실수도 있었다. 만 36개월이 지난 어느 날, 신나게 놀던 아이가 피곤한지 방구석에 세워둔 전동차에 올라탄 채 맥락 없는 짜증을 부리기 시작했다. 이것도 싫다, 저것도 싫다, 이것도 할 거다, 저것도 할 거다… 피곤하면 감정이 고조됐다가도 곧 상황이 종료되는 편이라 평소처럼 근처에서 얼굴을 마주한 채 기다리고 있었는데, 평소와 달리 아이는 점점 소리를 질러댔다.

"엄마가 안아줘! 안아주라구!"

"자동차에서 나와야 안아주지. 소리 그만 지르고 나와봐. 엄마 여기서 기다리고 있을게."

"싫어어어어, 안아주라구!!!!"

동시에 아이가 손에 들고 있던 무언가를 집어던졌다.

'쿠궁콰아앙!'

집어던지는 행위는 보행기 타던 시절부터 안 하던 터라 나도 휘말리기 시작했다. 평소보다 언성이 높아졌다.

"물건 던지는 거 안 된다고 했지. 엄마가 먼저 가서 안아주는 일은 절대로 없을 테니까 너가 거기서 나와!"

아이는 40분을 울며 소리치더니 퉁퉁 부은 얼굴로 천천히 다가왔다. 나도 더는 말하지 않았다. 괴성을 지르는 등의 융단폭격을 날리진 않았지만, 출산 후 처음으로 격앙되어 목소리를 높였던 날이다.

이틀 뒤, 아이가 눈을 깜빡이기 시작했다. 코로나로 집에만 있느라 답답했나, 눈이 건조한가, 속눈썹이 자꾸 찔러서 염증이 생겼나 며칠을 지켜봤지만 안과 질환 같지는 않았다.

'설마 엊그제 내가 소리쳤던 게 충격이 컸나? 그 정도면 버럭도 아니고 약간 언성 높인 정도인데?'

갑자기 틱 장애라도 생겼나 하여 덜컥 겁이 났다. 남편은 일단 모른 척 지켜보자고 했지만 급한 마음에 여러 자료를 뒤적이다가 '예민한 아이는 엉덩이 한 대를 맞아도 뺨을 맞은 듯한 충격을 느낄 수 있다'는 글을 읽었다. 어느새 눈 깜빡임은 열흘 넘게 지속되고 있었다.

"윤호야, 저번에 엄마가 화냈던 날 말이야. 그날 많이 슬펐어?"

"응…."

"많이 속상했구나. 그래서 혹시 엄마가 미워할까 봐 걱정되니?"

고개를 끄덕였다.

"울거나 떼쓰지 않기랑 던지지 않기 못 지켰다고 엄마가 미워할 줄 알았던 거야?"

"으응…."

아이를 꼭 끌어안고 말해주었다.

"걱정했구나. 그날 큰 소리 냈던 거 미안해. 엄마는 윤호가 울어도 사랑하고 물건을 던져도 사랑해. 화를 내도 사랑하고, 실수해도 사랑해. 틀려도 사랑하고, 넘어져도 사랑해. 잘하지 않아도 사랑해. 약속을 못 지켜도 사랑하고, 소리 질러도 사랑해. 밥을 안 먹어도 사랑해. 잠을 안 자도 사랑해. 엄마는 늘 윤호를 사랑해. 엄마는 앞으로도 네가 잘못하면 가르쳐줄 거고, 조심하겠지만 혹시나 목소리가 또 커질 수도 있어. 하지만 미워할까 봐 걱정하지는 않아도 돼. 울어도 사랑하고 화를 내도 사랑하니까. 알겠지?"

2020년 12월 25일 성탄절 밤, 그렇게 아이는 안긴 채 잠이 들었고 기적처럼 다음 날 아침부터 눈을 깜빡이지 않았다. 증상이 씻은 듯 사라진 이후로는 매일 사랑한다 시리즈를 고백해주었다. 노래처럼 주거니 받거니 부를 땐 '사랑해' 부분만 반복해 대답하면서 연신 싱글벙글 웃는 모습을 보면, 아이가 엄마를 더 많이 사랑한다는 말이 진실이구나 느껴져 가슴이 뜨거워졌다.

예민한 아이와 예민해진 아이, 사실 그런 구분 같은 건 중요하지 않다. 도저히 못 삼키겠다는 채소를 갈아서 음식에 숨기면서까지 억지로 먹이는 게 정말 아이를 위한 길일까? 모든 채소를 다 먹지 않아도 세상 살아가는 데 아무런 지장이 없으니 너무 힘들면 억지로 먹지 않아도 된다고, 누구도 아닌 엄마가 말해준다면 아이는 높아져 있던 긴장을 조금씩 낮출 수 있을 것이다. 사람들 앞에 서는 게 부끄러운 아이에게 무작정 "넌 씩씩하게 잘하는 아이니까 힘내"라고 말해주기보다는 너무 부끄럽고 힘들면 하지 않아도 된다고, 그러나 용기가 나면 작게라도 도전해보라고, 못해도 괜찮다고 말해주는 게 진짜 격려인 것처럼.

예민한 윤호는 관찰력이 좋다. 가족이나 지인 중 흡연자가 아무도 없는데 18개월 때 빨대로 담배 연기 내뿜는 흉내를 내서 놀랐던 기억이 있다. 아이는 담뱃재 터는 모습까지 정확히 따라 하고 있었다. 어린이집 근처 부동산 사장님이 담배 피우는 모습을 몇 번 봤던 모양이다. 누군가는 아이가 의외로 남의 눈치를 많이 본다며, 겉보기와 다른 소심한 면을 안타까워하지만 나는 괜찮다. 다른 사람의 표정과 기분을 민감하게 읽어내고 반응하는 능력은 아이만의 특장점이 될 수 있으니까. 그 때문에 내면이 힘들어지지 않도록 생각과 감정을 솔직하게 드러내는, 마음을 말로 표현하는 연습을 함께해왔으니까. 먼 훗날 여자친구의 달라진 머리 스타일을 알아챌 수 있는 섬세한 남자친구가 될 것 같아 나는 오히려 기대가 된다.

무엇보다 중요한 아빠와의 합숙

"수이수이마수이, 함모니로 변해라, 얍!"

30개월 윤호가 놀이 중 나에게 할머니로 변하라고 주문을 했다. 말이 다 트이고 나니 그렇게 수다쟁이일 수가 없었고, 작은 입을 오물거리며 꼭꼭 씹어 발음하는 네 살 아이의 말은 한순간도 흘려보내기 아까울 만큼 사랑스러웠다. 일단 시키는 대로 할머니 목소리를 냈다.

"안녕, 나는 윤호가 불러낸 할머니란다."

아이가 주도하는 대로 따라갔을 뿐인데, 목소리 연기 때문인지 내가 변장을 한 것도 아닌데 철저하게 처음 만난 할머니 대하듯 행동했다. 아이는 공손하게 자기소개를 하고 좋아하는 책도 같이 읽자고 했

다. 문득 궁금했다. '할머니 역할을 하며 아이의 속마음을 물어봐도 대답해줄까.'

"윤호는 세상에서 누가 제일 좋으니?"

"어… 엄마!"

혹시나 했는데 아이가 정말 상황극에 몰입했는지 대답을 한다.

"그으래. 윤호 아빠도 참 재밌다고 들었는데 아빠도 좋니?"

"아빠는… 안 좋아."

"흐음, 안 좋아?"

"무서워."

"그럼 할머니가 무섭게 하지 말라고 혼을 내줄까?"

"응."

"좋아. 할머니가 아빠를 혼내줘야겠어. 윤호한테 화난 얼굴 하지 말라고."

혼내준다며 강하게 말하면 아이가 말릴 거라 예상했는데 아이는 그렇게 해달라고 했다. 예상치 못한 전개였다. 남편은 아이 마음도 잘 알아채는 편이고 긴 시간 몸으로 놀아주진 않아도 유쾌하고 살가운 아빠였기 때문이다.

다만 한 가지 걸리는 게 있다면 말투가 사근사근 상냥하지 않고, 무표정하거나 정색하면 화난 것처럼 오해할 수 있는 인상이었다. 아이는 항상 부모의 얼굴을 쳐다보고 무의식적으로 표정을 살핀다. 부모의 표정이 어둡다면 자신 때문에 그런가 불안해하며 부모의 눈길을 의식한다. 기질상 사회적 민감성이 매우 높은 윤호는 몸이 피곤하거나 다른 일에 열중했을 때에는 '놀아줄 수 없다'고 무표정하게 말하거나 싫은 건 '싫다'고 명확하게 말하는 아빠에게서 내심 불안을 느꼈던 것이다.

퇴근 전 남편에게 톡으로 아이의 마음을 전했다. 우리는 연애할 때도 미주알고주알 그때그때 일어나는 일을 공유해왔고, 출산 후에는 더욱 그랬다. 업무 중이니 바로 확인하지 않아도, 답장을 보내지 않아도 상관없었다. 아이와 지내며 소소하게 생겨나는 일을 보내두면 남편은 시간 여유가 될 때 틈틈이 내용을 확인했고, 남편도 지난밤 아이와 놀며 궁금했던 점이 떠오르면 물어왔다. 많은 부부가 육퇴 후 치킨과 맥주를 놓고 대화를 나눈다지만 우리는 새벽까지 깨어 있는 아이 덕분에 육퇴도 없었고, 육아 고민이 생겨도 늘 귀가 열려 있는 아이 앞에서 터놓고 대화하기 어려웠다. 그래서 연애할 때보다 더 활발하게 톡을 사용했다.

발음이 부정확하니 24시간 붙어 있는 엄마만 알아들을 수 있는 아이의 말을 설명해주기도 했다. 이를테면 "여보, 지금 들은 [어우아]가 제딴엔 yellow[옐로]를 발음한 거야" 같은 식으로. 휴대폰은 항상 들고 있으니 집에서 아이와 둘이 노는 중에는 윤호어를 번역해주기 위해 톡을 보내주면 둘만의 시간이 자연스럽게 이어졌다.

남편은 아이가 티 내지 않고 속으로 무서워했다는 걸 듣고 표정과 말투에 신경을 썼다. 성인이 되어 몸에 밴 습관을 어찌 한 번에 바꿀 수 있으랴. 약간의 부연설명을 덧붙여주고 의식적으로 더 밝은 표정을 짓는 것만 해도 대단한 노력이었다. 아이용 태블릿PC의 유튜브에 본인 아이디로 로그인을 해두고, 아이가 낮에 어떤 영상을 봤는지 퇴근길에 훑어보기도 했다. 아이와 원활하게 소통하기 위한 남편 나름의 노력이었다.

그럼에도 의도와 달리 아빠의 직설적인 표현에 아이가 당황한 기색을 보이거나 주눅 드는 모습이 보이면, 잠들기 전이나 둘만 있을 때 아빠 마음을 아이의 눈높이로 풀어주었다. 아까는 아빠가 너에게 화를 낸 게 아니라 다칠까 걱정돼서 순간 목소리가 커졌던 거라고, 아까는 회사에 안 좋은 일이 생겨서 고민하느라 윤호 말에 반응을 못한 거라고. 아빠는 언제나 윤호를 사랑한다고.

원래 남편은 '아들은 체벌이 필요한 존재'라고 생각했던 사람이다. 나는 체벌 반대론자이지만 이것 때문에 싸울 문제는 아니었다. 아들을 통해 보여주면 자연스레 해결될 거라 여겼다. 두어 시간씩 끊어 자며 밤새도록 놀고, 악몽 한 번이면 몇 날 며칠 잠을 밀어내며 껌딱지가 되니 아침 일찍 출근해야 하는 남편도 참다 참다 한숨을 푹푹 내쉬곤 했다. 그래도 언성을 높이지 않는 것만으로도 고맙게 여기며 방문을 닫고 아이와 분리해주는 것이 나의 최선이었다. 그러다 서로의 피곤이 극에 달하면 주말에 단 몇 시간이라도 뻗어 잘 수 있도록 아이를 데리고 번갈아 외출하며 동지애를 키워갔다.

부부가 훈육의 일관성을 유지하는 것은 우리에게도 중요한 과제였다. 같은 상황을 놓고 누구는 안 된다고 하고 누구는 대수롭지 않게 여긴다면 아이는 혼란스러웠을 것이다. 특히 예민함을 다룰 때는 더욱 세심하게 소통하고 상황별로 한목소리를 내는 것이 아이에게 안정감을 주는 가장 효과적인 방법이다.

엄마와 비교하면 아이가 아빠와 보내는 시간은 10분의 1 남짓에 불과하다. 함께 보내는 시간이 적다고 해서 아빠가 엄마보다 못한 존재가 아님을 알려주고 싶었다. 둘이 마트에 가도, 밥을 먹어도, 놀이 중에도 아빠의 공백이 가급적 덜 느껴지도록 '아빠'를 자주 언급했고, 장난으로라도 아빠를 비웃거나 무시하는 말은 아이 앞에서 하지 않았다. 야근이라도 하는 날이면 밤에는 아빠가 쉴 수 있도록 도와주자고, 그 대신 엄마랑 많이 놀자고 미리 속삭여두었다.

비단 나 혼자만의 노력이 아니었다. 결혼 전부터 우리는 아이를 낳아도 서로를 가장 우선시하자고 이야기했다. 아이를 위해 무항생제 1등급 한우를 집었다면 아빠 몫으로도 최고급 한우를 한 덩이 더 계산하며 아이에게 '아빠 것'이라고 말해두었고, 두 남자 앞에서 수박을 자를 땐 정중앙의 가장 맛있는 부분을 포크로 찍어 아빠 입에 먼저 넣어준 뒤 아들을 챙겼다. 남편 역시 가장 좋은 건 '엄마부터'였고, 꽃 한 송이를 사와도 큰 건 엄마, 작은 건 아들 것이라고 내밀었다.

간혹 이견이 생겨 평소보다 냉랭한 말투로 대화가 오가면 아이는 어색하게 웃는 얼굴로 놀자고 하거나 더 큰 소리로 시선을 유도하며 분위기 전환을 꾀했다. 그러면 우리 부부는 일단 대화를 멈추고 아이에게는 의견이 달라 목소리가 커졌지만 싸우려던 건 아니었다고 사과한 뒤, 하루가 가기 전 아이 앞에서 화해하는 모습을 보여주었다.

한 번은 다소 퉁명스럽게 대화를 끝낸 엄마가 아빠에게 계속 미지근한 태도를 보인다고 생각했는지 아이가 내 귀에 대고 이렇게 말했다.

"윤호가 응원해줄 테니까 지금 가서 아빠한테 미안하다고 얘기하고 와. 그게 용기 있는 거다? 엄마는 할 수 있을 거야."

사실은 남편에게 쌓인 불만을 작은 소리로 털어놓느라 나 혼자 언짢은 기운을 풍겼던 것인데, 민망함을 이기고 아이가 시키는 대로 남편에게 가서 사과했다.

만 48개월, 이제는 마술 주문으로 할머니를 소환하지 않아도 불편하거나 싫은 점이 있으면 아빠에게 그때그때 차분히 말로 표현할 줄 아는 형아가 되었다, 아빠가 표정 관리를 미처 하지 못해도 본인 때문이 아니라는 걸 이해하고는 되레 아빠 기분을 풀어주려 몸개그를 선보이기도 한다. 늘 상냥하진 않아도 사랑한다는 고백만큼은 아끼지 않는 츤데레 아빠의 진심이 아이에게 충분히 닿은 것 같아 고맙고 또 고맙다. 아이 마음 깊은 곳에 '무슨 일이 있어도 엄마 아빠는 나의 안전기지'라는 믿음만큼은 단단히 뿌리내릴 수 있기를 바란다.

예민한 아이, 혹시 영재여서?

2021년 2월, 유치원 입학식을 앞두고 제출할 서류를 작성하는데 아이의 특성을 적어 내려가다 생각이 많아졌다. 있는 그대로 적긴 했지만 내가 선생님이라면 내 새끼만 특별하니 잘 부탁드린다고 오해하기 딱 좋을 것 같았다.

썼던 내용을 지우고 최대한 간략하게 답변을 정리한 뒤, 유치원 입학 전에 아이의 지능검사를 받아보기로 했다. 아이의 취향이 뚜렷하고 예민한 부분이 있으니 담임선생님과 상담하더라도 객관적인 자료가 있으면 도움이 될 것 같았다. 소아정신과나 임상심리센터, 교육컨설팅 기관 등에서도 지능검사를 하지만, 영재교육 등을 할 목적은 없었으니 검사 결과에 따라 수업을 연결해주는 기관은 배제했다. 아이가 받은 검사는 웩슬러 유아지능검사 K-WPPSI-IV*였다.

"우리 퀴즈 풀러 갈 건데, 엄마는 밖에 있고 선생님이랑 같이 풀 거야. 할 수 있지?"

낯설지 않도록 미리 선생님 사진을 보여주며 센터를 방문하니, 39개월 윤호는 뭐가 그리 신나는지 깔깔 웃으며 문밖까지 다 들리도록 크게 답을 외쳐댔다. 검사는 한 시간 정도 소요됐다. 웩슬러 지능검사에서 상위 2%에 속하면 고지능자로 분류하는데 우리나라에서는 대개 영재라고 칭하며, 윤호는 최상위 그룹에 속하는 것으로 나타났다. 관찰력과 기억력이 남다른 면은 있었지만 예상했던 것보다 아이의 잠재력이 훨씬 더 크다는 사실을 확인하니 감사하면서도 이상하게 마음이 무거웠다.

아이의 검사 이후 영재에 대해 좀 더 자세히 알아보기 시작했다. 책도 읽고 영재창의지도사 자격증을 취득하는 과정에서 그동안 영재에 대한 환상과 오해가 상당했다는 것을 알게 되었다. 예민하고 까다로운 아이들을 모두 고지능아라고 단정할 수는 없지만, 지능이 높은 아이들은 감각이 더 발달해 있어 똑같은 빛, 소리, 냄새, 촉각에도 매

* 웩슬러 지능검사 : 미국의 심리학자 데이비드 웩슬러가 고안한 지능검사. 개정을 거듭해 오늘날 전 세계적으로 가장 널리 사용되고 있으며 유아용(만3~6세), 아동용(만6~16세), 성인용(만16세 이상) 세 버전으로 나뉜다.

우 강렬한 느낌을 받는다고 했다. 뇌로 전달되는 신호를 몇 배 강하게 느끼니 별것 아닌 자극에도 소스라치게 놀라거나 흥분 또는 긴장 상태에 놓이기 쉽다는 것.

어쩌면 영재 아동을 키우는 부모 중에서는 유독 아이가 예민하다고 힘들어하면서도 그 이유가 아이의 영재성 때문이라고는 상상도 못한 채 하루하루를 힘들게 버텨내는 경우가 있을지도 모른다. 실제로 고지능아로 판명된 상당수의 부모들이 육아가 너무 힘들어서 지능검사를 했고, 검사 후에 아이를 이해하게 되었다고 말한다. 그러므로 만약 아이 특성이 다음 항목에 해당되거나 남다른 지적 능력이 느껴진다면 지능검사를 한 번쯤 받아보기를 권한다. (단순히 학습이 빠른 아이의 IQ 측정을 목표로 한다면 결과를 성적표처럼 느끼고 일회일비할 수 있어서 권하지 않는다는 것이 전문가의 견해다. 실제 지능검사 결과는 임상이나 교육기관에서 진단과 치료 계획을 세울 때 인지적 강점과 약점 등을 종합적으로 판단하기 위해 사용된다.)

고도 영재들이 보여주는 특징

- 고도로 발달된 감각특성
- 과흥분성
- 기억능력
- 발달된 인지능력과 추론능력
- 아주 빠른 자아의식
- 완벽주의 경향
- 편벽과 고집
- 감수성과 존재론적 고민

출처 : 지형범, 《영재성 바로 알기》(한국경제신문i)

"사람들이 모르는 어려움이 분명히 있죠? 힘들다고 말하면 복에 겨운 소리 한다고 오해받기도 쉽고. 실질적으로 이런 아이들을 위한 대안이나 교육은 없죠. 몰라서 그렇지 정말 키우기 어렵습니다. 하루를 문자 그대로 36시간, 48시간처럼 보내니까요. 거기다 호기심 많고 활동적인 아이라면 아이 하나여도 애 셋 키우는 에너지는 족히 들 겁니다. 하지만 그건 시간이 해결해주지요. 이런 아이들에게는 정서적인 안정이 무엇보다 필요하고 엄마가 아이의 전문가가 되어야 합니다."

아이의 검사를 진행해주신 선생님의 조언이었다.

진심 어린 조언에 감사하면서도 마음 한쪽이 무거웠던 이유는 지능이 높고 영재성을 가진 것이 아이에게 독이 될지도 모른다는 염려 때문이었다. 그러나 불필요한 걱정은 거두기로 했다. 게다가 아이가 영재라면 한글도 영어도 아닌 '긍정적인 말투'와 '안정된 정서'가 가장 값진 조기교육이라 믿고 노력해온 지난 시간이 더욱더 다행스럽지 않은가. 그러지 않았다면 엉뚱한 조기교육에 에너지를 쏟아가며 폭풍 같은 시간을 훨씬 더 오래, 어쩌면 기약 없이 견뎌내야 했을 것이다.

그 후 우리 가족에게 달라진 건 없다. 애당초 검사를 받은 이유가 그렇듯 기관이나 타인에게 아이의 특성을 공유해야 하는 상황이 생긴다면 객관적인 근거 자료가 되어줄 테지만, 그것도 미성숙한 연령대라서 이해가 필요해서이지 특별대우를 해달라는 것이 아니니까.

"영재는 아주 희귀한 아이들이 아닙니다. 영재라고 하면 세상이 떠들썩할 만한 신동이라고 생각하는 것이 보통 사람들의 생각입니다. 그러다 보니 '영재'라는 단어에는 늘 오해가 따라다닙니다."

-지형범, 《영재성 바로알기》 (한국경제신문i)

영재이기 때문에?
영재이기 때문에!

아이의 네 살 겨울, 가정보육을 하느라 날짜도 요일도 모른 채 '아이와의 오늘'만 끝없이 계속되다 보니 인근 유치원들이 입학설명회를 하는 줄도 모르게 지나갔다. 유치원 원서접수도 마감 직전에 아슬아슬하게 완료했다. 한글도, 영어도, 숫자도 가르치지 않았으면서 용감하게(?) 국공립유치원에 지원했다. 이유는 다음과 같았다. 물론 아이의 특성을 고려한, 윤호 엄마로서의 개인적인 이유들이다.

첫째, 임용고시를 통과한 선생님들이고 근무환경 등 처우가 사립유치원보다 나을 테니 선생님들의 스트레스도 상대적으로 적지 않을까 생각했다. 엄마의 그날그날 컨디션도 아이에게 영향을 주는데, 업무 스트레스가 과도하면 아이들에게 분명히 영향을 줄 것 같았다.

둘째, 아직 용변 후 뒤처리도 완벽하지 않은 다섯 살이므로 학습보다는 유치원에 대한 긍정적 이미지를 심어주는 게 더 중요했다. 누리과정에 충실하니 학습이 배제된 것도 아니었다.

셋째, 혹여 학기 중에 등원을 중지하게 되더라도 가장 '표준적인' 유치원 생활을 경험하게 해주고 싶었다.

병설유치원을 선택할 때 프로그램이 부족하다며 말리는 사람이 많았지만, 그건 별로 중요하지 않았다. 예민한 다섯 살 아이에게는 커리큘럼 빵빵한 유치원보다는 정서적으로 아이를 잘 돌봐줄 수 있는 선생님이 더 중요하다고 생각했다. 근처 어린이집과 일반유치원은 거의 문을 닫았고 영어유치원, 놀이학교에는 훌륭한 선생님이 많이 계시겠지만 법적으로 엄연히 학원, 교습소에 해당했으니 일단은 후순위로 미뤄둔 터였다.

병설유치원에서 5세 반을 무사히 수료했지만, 실제 등원은 석 달만 했고 2학기엔 열 번도 가지 않았다. 네 살 때의 알파벳만큼이나 마술에 푹 빠져 있던 다섯 살 윤호는 유치원에서 친구들에게 마술을 보여주면 재미없다고 외면받는 게 싫었다고 했다. 그도 그럴 것이 아무런 도구 없이 허공에 같은 마술만 반복하니 친구들이 외면할 수밖에. 유치원 규칙이라며 마술도구는 개인 물건이니 절대로 가져가지 않겠다고 하는 꼬맹이가 기특하면서도 안쓰러웠다.

그래서 고민 끝에 선생님께 상황을 공유했다. 담임선생님은 코로나 시국이라 가정보육이 허락된다며 매주 안부전화로 아이를 챙겨주셨다. 그리고 아이의 생일잔치가 있던 가을날, 생일인데도 등원하지 않겠다던 아이에게 작은 마술도구는 가져와도 된다고 허락하시더니 생일파티 후 무대에서 마술쇼를 할 수 있게 배려해주셨다. 아이는 너무 행복해했고, 선생님께 진심으로 감사했다.

띄엄띄엄 등원했지만 아이는 유치원 수료를 앞두고 선생님, 친구들과 헤어질 생각에 엉엉 울며 아쉬움을 표현했고 지금도 유치원 생활이 즐거웠다고 말한다. 매일 아침 운동장에 서서 초등학생 형, 누나들의 체육시간을 구경하고, 계절마다 다르게 가꿔진 정원을 만끽하고, 복도 한구석에 꾸려진 스마트팜 화분들과 인사하던 시간도 아이의 첫 유치원 기억에 온기를 더해줄 거라 믿는다.

"아직도 병설유치원에 다녀요?"

"영어유치원 준비하나요?"

"상위 몇 퍼센트 아이들만 들을 수 있는 수업이 있던데 거긴 왜 안 보내요?"

아이가 등원을 하지 않으니 SNS로 질문을 많이 받았다. 날마다 일상을 공유하는데도 뭔가 특별한 공부를 따로 하는지 묻는 내용이 대부분이었다. 그리고 그즈음 일부 네 살, 다섯 살 아이들이 영어유치원 합격을 위해 과외를 한다는 놀라운 사실과 치열한 경쟁을 뚫고 영어유치원 레벨 테스트를 통과하면 어마어마한 숙제를 감당해야 한다는 이야기를 들었다.

윤호도 영어로 대화를 하고 싶은 욕구가 있어 고민한 적이 있었다. 그런데 영어유치원에 실제로 보내고 있는 친구 엄마들의 이야기를 들어보니, 고가의 비용을 받는 만큼 아웃풋을 우선시하기 때문에 아이들을 섬세하게 돌보기 어려운 점이 있다고 했다. 솔직하게 그런 점을 감안하고 선택했다고 고백한 엄마들도 있었다.

어느 곳이나 장단점은 있기 마련이지만, 나는 미숙한 연령의 유아들이 모인 곳에서는 돌발상황에 어떻게 대처하느냐가 당장의 영어 한마디보다 더 중요하다고 생각한다. 아마 윤호가 덜 예민하고 변화를 바로바로 즐기는 아이였다면 선택 기준이 조금 달랐을지도 모르겠다. 그러나 설령 영어유치원을 보냈다 하더라도, 아이가 하기 싫은 영어숙제를 매일 힘겹게 해야 한다면 그만 보냈을 것 같다. 매달 많은 돈을 내면서 아이가 영어에서 정 떼게 만들 이유는 조금도 없으니까.

예나 지금이나 변함없는 생각은 지능이 높고 똘똘할수록 단순 선행학습은 지양해야 한다는 것, 그리고 무엇보다 감정을 솔직하게 말로 표현할 줄 알아야 나중에도 엄마와의 소통이 단절되지 않을 거라는 점이다. 그래서 아이에 관한 문제라면, 특히 매일 다녀야 하는 기관은 언제나 아이와 충분히 대화하고 함께 방문해보고 결정한다. 물론 내가 출근하는 엄마가 아니어서 가능한 일일 수도 있다.

바늘구멍만큼 들어가기 어렵다는 영어유치원과 병설유치원, 두 곳 모두 합격한 어느 아이 엄마가 선택이 어렵다고 말을 걸어온 적이 있다. 의외로 해답은 가까이에 있었다. 아이가 다닐 곳이니 아이에게 물어보면 되는 것이었다. 애인과 싸운 뒤 범하는 가장 바보 같은 행동이 연애 한 번 안 해본 솔로 친구와 밤새도록 상대의 마음을 추측하고 엉뚱한 결론을 내리는 것이듯, 아이 문제는 아이에게 직접 물어보면 명쾌한 해답을 얻을 수 있다. 그 선택으로 나중에 후회할지라도 괜찮다. 다음 선택의 기로에서 아이가 더 나은 결정을 할 수 있도록 도와주는 밑거름이 되어줄 테니.

선행학습을 지양한다고 아이의 관심 분야까지 애써 모른 척하는 건 아니다. 한글을 빨리 깨우치면 그림책에서 글자부터 읽어버려 상상력이 발달하지 못한다고 하지만, 아이가 일찍부터 한글에 관심을 보이고 익히려 든다면 즐겁게 배울 수 있게 해주는 것이 맞다. 아이의 상상력은 그림책 밖에서도 얼마든지 키울 수 있다.

다만 나는 영재라는 말이 매우 조심스럽다. 실제로 윤호뿐 아니라 아이들 앞에서 '똑똑하다', '머리 좋다' 등의 표현은 최대한 삼가고 있다. 영재라는 건 지능지수와 별개로 과제집착력, 창의력이 더 중요하며, 지능지수가 높은 순으로 성공하는 것도, 행복한 삶을 사는 것도 아니기 때문이다. 더욱이 어릴 때 접하는 과제들에 대해 큰 노력 없이도 좋은 결과를 얻는 게 익숙한 아이라면 노력을 등한시하게 될 수 있으며, 과제가 점차 어려워지면 '머리가 좋지만 노력하지 않아서 그런 것'이라는 그럴듯한 핑계를 무기 삼아 노력하지 않기로 작정해버릴 수도 있다.

고도지능을 가진 몇 사람과 대화를 나눌 기회가 있었다. 모두 일류 대학을 나오고 흔히 말하는 성공한 삶을 사는 것은 아니었다. 무엇보다 그들의 성장 과정을 관통하는 공통 키워드는 부모조차 본인을 온전히 이해해주지 못했다는 '외로움'이었다. 그들은 내게 머리가 빨리 자라 상황을 모두 이해하고 있더라도 마음은 여린 아이라는 걸 잊지 말라고 조언했다. 어디서도 들을 수 없던 솔직하고 귀한 고백이었다.

"영재라는 것은 남들과 다른 체계로 생각하는 것이다. 남다른 사고체계, 다시 말해 특이한 지능 형태를 지니고 있음을 의미한다. 영재라는 것은 극도의 감성과 넘쳐흐르는 감정성의 지배를 받으며 성장함을 의미하는데, 이런 특성이 인성에 지대한 영향을 미친다. 용어 자체가 애매하여 혼동을 주긴 하지만 영재아동은 어떤 '이점'을 가진 아이도, 모든 것을 타고난 천재도 아니다."

— 잔 시오파생, 《영재의 심리학》(와이겔리)

우리 집은 여전히 무계획이 계획이다. 영재이기 때문에 선행학습을 시켜야 한다는 사람들도 있지만, 나는 영재이기 때문에 선행학습이 독이 될 수 있다고 생각한다. 어릴 때 마음을 닫아버리고 혼자만의 동굴에 갇히는 건 위험할 수 있기에 최대한 찐하게 마음을 나누며 추억을 쌓는 데 집중하고 있다. 어떤 부모들은 아이의 20년 치 로드맵이 머릿속에 다 그려져 있다지만, 나는 아이의 20일 뒤 모습도 점 하나 마음대로 찍을 수가 없다. 그 대신 내비게이션에 나오지 않는, 더디고 돌아가는 구불구불한 길이라도 아이와 함께 목적지를 찾아가는 과정을 즐겨보려 한다.

아이와 매일 산으로 바다로 달린 진짜 이유

"안 내면 진 거, 가위바위보!"

놀이터에 있던 형들이 큰소리로 가위바위보를 외치자 형들 사이에 끼고 싶던 48개월 윤호가 잽싸게 달려가 마지막 '보'에 맞춰 주먹을 내밀었다. 열 살이나 먹은 형들은 어린 동생이 아기 같았는지 귀엽다며 가위바위보를 이어갔고, 무리 중에 술래를 한 명 정해 술래잡기를 시작했다. 형들은 미끄럼틀 꼭대기 지붕 위까지 거침없이 날아다녔고, 아이는 형들을 좇으며 즐거워했다.

"애기야, 머리 부딪혀. 조심조심!"

"야! 여기 애기 있으니까 잘 보고 뛰라고."

자꾸 아기 취급하는 형들이 섭섭했는지, 깍두기 신세임을 알아챘는지 슬그머니 무리에서 이탈한 윤호는 한쪽 벽에 기대서서 나 홀로 무궁화꽃이 피었습니다를 시작했다.

"무궁화꽃이 피었습니다!"

그러자 어디서 나타난 걸까, 마치 드라마처럼 형, 누나 네 명이 우르르 뛰어들어 게임에 합류했다. 구호를 외치고 고개를 돌린 윤호는 단체로 '동작 그만' 중인 형, 누나들을 보더니 눈이 반달이 되어 없어지려 했다. 아이들은 고맙게도 다섯 살 꼬마 술래가 잡을 수 있는 수준으로 도망치며 한참을 놀아주었다.

다시 혼자가 된 아이는 미끄럼틀을 타며 시간을 보냈다. 그사이 아까 술래잡기하던 무리가 이번에는 피구를 시작했다. 범접하기 어려울 만큼 공이 빠르게 오가는 가운데 딱 한 명, 그물에 걸터앉아 피구하는 무리를 바라보는 형이 있었다.

"형아, 안녕. 공놀이할 때는 심판도 필요하거든. 우리 같이 심판할래?"

규칙은커녕 저 공놀이가 피구인지 배구인지도 모르면서 아이는 패기 있게 점수를 외쳐댔다. 혼자 있던 형아도 아이에게 반응해주기 시작했고, 피구 심판을 시작으로 각종 마술 해법을 공유하며 한 시간도 넘게 원래 알던 사이처럼 시간을 보냈다.

놀이터에서 세 시간 동안 벌어진 이 다채로운 상황을 어른들이 예상할 수나 있었을까. 형들이 위험하다고 챙겨주는 듯하며 놀이에서 배제시켰을 때 주눅들지 않고 웃으면서 자기만의 방법으로 형, 누나를 불러들였을 때는 윤호의 계획인지 우연인지 알 수는 없어도 가슴이 벅찼다. 물리적으로 따라갈 수 없는 형들의 놀이에는 무리해서 끼지 말고 심판을 하면 된다고, 중요한 역할이니 엄마랑 같이 심판하자고 속닥거렸던 지난 시간이 주마등처럼 스쳐 지나갔다.

아이가 세 살일 때부터 우리는 날마다 어디든 갔다. 마트, 놀이터부터 박물관, 과학관, 도서관, 미술관, 식물원, 수족관, 수목원, 동물원, 공원, 농장, 계곡, 갯벌, 바다, 한강, 놀이공원, 고궁, 공연장…. 처음부터 그럴 계획은 아니었다. 코앞 건물까지 철거가 시작되고, 분진을 피해 창문도 걸어 잠근 채 작은 집에서 아이의 에너지를 감당하기엔 역부족이어서 멀지 않은 곳부터 외출을 시작했다.

아이는 바깥놀이를 굉장히 좋아했지만 예측할 수 없는 여러 변수에 긴장의 끈을 놓지 못했다. 내 눈에 아무리 좋아 보이는 장소여도 아이에게 사진을 보여주고 싫다고 하면 가지 않았다. 일어날 일에 대해서는 최대한 예측 가능하도록 이야기해주었다. 그렇게 점차 서울 시내뿐 아니라 경기도 외곽, 나아가 충청도, 강원도까지 반경과 빈도를 확장해갔다. 그 과정에서 마음이 잘 맞는 육아동지를 만나 아이와 엄마 모두 외롭지 않게 당일치기 여행의 추억을 쌓기도 했다.

많은 곳을 다니며 아이를 관찰하니 아이의 특성이 한층 입체적으로 다가왔다. 낯선 장소라 해서 늘 긴장도가 높은 것도 아니었고, 에너지 넘친다고 동적인 활동에만 반응하는 것도 아니었다. 또래 친구와는 어떻게 상호작용하는지, 어떤 활동을 선호하는지도 점차 정리되기 시작했다. 예민한 아이여도 직접 몸으로 부딪쳐 상황에 따른 대처방법을 터득하면 긴장을 늦추고 누구보다 신나게 그 속에 스며들었다. 물론 아이가 집에 있고 싶다고 할 때는 며칠이고 집에서만 시간을 보내기도 했다.

점차 소근육이 발달하고 체험에 대한 욕구가 늘면서 도예, 천연염색, 꽃꽂이, 마술 등 각종 체험 위주로 일정을 채워나갔다. 주 4일 과학관에만 출석도장을 찍기도 했다. 호기롭게 유명 관광지를 찾아갔어도 아이가 입구에 있는 물웅덩이에 꽂혀 거기서만 찰박거리면 더 들어가기를 포기하고 그 자리에서만 옷이 젖도록 같이 놀다 오기도 했다. '간 김에' 무엇을 더 보여주려는 마음은 최대한 내려놓았다. 바삐 들어가자고 채근하다 서로 기분만 상하느니 즐겁게 소통하고 외출을 마무리하는 데 목표를 두고 움직였다.

가능하다면 또래와의 만남 기회도 자연스럽게 마련해주었다. 단둘이 놀기도 했고, 동네 친구들을 만들어 여럿이 함께 만나기도 했다. 지나가다 들른 놀이터에서 모르는 형, 누나, 동생들 틈에 아이를 던져두기도 했다. 서너 살에는 근거리에서 눈으로 상황을 따라가며 아이를 지켜보았고, 이후에도 필요하다면 한 번씩 개입했다 물러서기를 반복했다.

특히 유치원 입학 전 1년은 엄마가 없을 때 발생할 수 있는 수많은 경우의 수를 예행연습하는 마음으로 하루하루를 보냈다. 모든 상황을 통제할 수도 없고 예측할 수도 없는 걸 알지만, 최대한 다양하게 겪어두면 그 경험들을 토대로 아이가 자신만의 방법으로 자신감 있게 대처해갈 수 있을 테니. 무엇을 인위적으로 계획한 건 아니었고 아이와 마주하는 수많은 찰나를 그런 마음으로 풀어나갔다. 예민한 아이라고 발을 동동 구르며 걱정만 할 게 아니라 하나하나 함께 경험치를 쌓아가자고.

이정표가 없을 땐 아이 손을 잡고 주위에 물어보면서 질문하는 건 부끄러운 게 아니라고 알려주고, 실내에서 마스크를 쓰지 않은 사람에게는 굳이 침묵하지 않았다. 화를 내지 않고도 반칙은 지적하고 할 말은 하는 모습을 보여주어야 했다. 고지식한 답답이가 되지 않도록 적절한 유연성도 필요했다. 같은 말도 농담처럼 하느냐 궁서체로 하느냐에 따라 아이에게 스며드는 강도가 달랐다.

타인의 거친 언행을 모방할 때는 아이 시선에서 그 모습이 어때 보였는지 물어보고 좋아 보이지 않았다면 분별해보자고 말했다. 아기 때는 무작정 흡수하니 훈육이 어려운 친구와는 거리를 두었지만, 다섯 살 아이에게는 달리 대해야 했다. 거칠어도 의미를 모른 채 흉내 내보는 행위 자체가 재미일 수 있으니 당장 눈앞에서 못하도록 막는 게 능사는 아니었다. 대신 우리가 예쁜 말, 예쁜 행동을 먼저 해주면 친구들도 우리를 보며 따라줄 거라고 전해주었다. 엄마 없이도 옳고 그름을 판단할 줄 아는 아이가 되기를 바랐다.

그 덕분일까, 기관에 가서도 아이는 또래들과 잘 어울렸다. 규칙을 지키는 것도 마찬가지였다. 아이는 처음 만난 친구에게 다가가는 법, 배려하는 법을 익혀왔고 미숙하지만 타협하는 기술도 기르고 있었으니까. 어린 동생이 놀이터 미끄럼틀을 누운 채 내려오려 하면 후다닥 달려가 아기 머리가 바닥에 부딪히지 않게 양 손바닥을 펼쳐놓고 기다리기도 했고, 친구 동생이 아래쪽에 앉아 있는데 처음 본 형들이 예고 없이 미끄럼틀을 밀고 내려와 부딪히면 단호하게 말하기도 했다.

"형아, 동생이 밑에 있는데 비키기도 전에 그냥 내려오면 아기가 다칠 수 있잖아!"

날쌘 형들이 이미 저만치 뛰어가느라 귓등으로도 안 들을지언정 아이는 옳다고 확신하는 말은 용기 내서 외쳤다.

물론 영락없는 다섯 살 꼬맹이는 여전히 이유 없는 잠투정을 하기도 하고, 뜻대로 되지 않는 상황에는 짜증도 낸다. 그러나 때로는 어른

비가 오나 눈이 오나 뛰어놀고 부대끼며 성장하는 아이.

인 나보다도 감정을 더 빨리 추스르고 잘못을 인정할 줄 아는 아이로 자라고 있다. 시시각각 다른 바람을 느끼고, 눈비 속에 구르고, 잔디밭에서 미끄럼을 타고 사계절 자연에서 뛰놀며 아이는 많이 성장했다. 갯벌에 드러누워 구르며 놀던 세 살 윤호는 이제 갯벌에 가도 구르지 않는다. 그때 아이와 갯벌에 가지 않았더라면 뻘밭에 구르며 노는 모습을 영영 보지 못했을 것이다. 같은 경험을 해도 아이의 시선과 반응은 때마다 달랐다. 파도가 밀려와 부서질 때 양손에 돌멩이를 쥐고 쭈그려 앉아 언제 모래가 되냐며 한참을 바라보던 모습도 어쩌면 지난 여름이 처음이자 마지막이었을지 모르겠다.

   나는 국어, 영어, 수학보다 이 과정들이 유아기에 아이가 배울 수 있는 최고의 교과목이라 생각한다. 아이의 성장을 두 눈과 마음에 담을 수 있어서 진심으로 행복했고, 엄마로서 한 뼘 성장할 수 있는 지난 시간이 그리고 더 성장할 수 있는 내일이 있어 감사하다.

나가는 말

실패해도 괜찮아요

'전교 2등보다 전교 꼴등에게 설명해줄 수 있는 사람이 상위 0.1%의 지혜로운 사람'이라는 아주대학교 심리학과 김경일 교수의 강의를 기억합니다. 아이가 알파벳에 푹 빠져 있던 때, 한쪽 이어폰으로 강의를 들으며 알파벳 매트를 숨겨주다가 속으로 유레카를 외치고는 SNS에도 감명 깊었다고 끼적였지요. '메타인지'라는 용어를 처음 접한 순간이었습니다. 상위 0.1%의 학생들은 전교 2등이든 꼴등이든 상대가 초등학생이나 유치원생이라 해도 그에 맞춰 설명할 수 있는 능력, 즉 메타인지가 높은 아이들이었습니다.

메타인지metacognition란 내가 무엇을 모르고 무엇을 아는가를 명확히 인지하는 능력입니다. 아는 것과 모르는 것을 구분하고 타인이 이해할 수 있는 언어로 설명하는 능력이 높으니 학습능력이 높을 수밖에 없겠지요. 김경일 교수는 메타인지 향상의 실천방식으로 나이 차이 많은 사람과 대화하기, 나의 일을 잘 모르는 사람과 대화하기 등을 권했습니다.

얼마 전 친구에게 고마운 이야기를 들었습니다. 어릴 때 엄마의 생활을 일부 간접 체험한 것만으로 육아의 내공이 길러진 것은 아닐 거라는, 아이를 아이답게 바라보는 시각과 마음 다치지 않게 소통하는 능력도 저의 재능이라는 칭찬이었지요.

돌이켜보니 저는 굉장히 운이 좋은 사람이었습니다. 스물여섯 살 위의 엄마, 열세 살 아래인 동생과 날마다 새벽까지 대화를 나누며 시행착오를 겪은 게 전부는 아니었습니다. 말 그대로 전교 1등이 되어 주목받은 적도, 고3 시절 성적이 급락해 도망치고 싶던 적도 있습니다. 원하는 학교에 진학하지 못했지만 가르치는 아이들 성적만큼은 껑충 올려주었습니다. 학창 시절에 그때그때 느낀 마음을 잊지 않은 덕분이었습니다.

공장 아르바이트를 하기도 했고 아나운서로 회장님 행사 진행을 전담하기도 했습니다. 만남이 다채로웠습니다.

부모님께 받은 타고난 장점이 만 가지인데, 알 수 없는 이유로 쉽게 작아지는 내가 궁금해 사람들을 관찰하며 내면을 끊임없이 들여다보았습니다. 강의에서 들었던 '메타인지를 높이는 훈련'이 제 삶에 녹아 있었습니다.

나는 왜 당신처럼 되지 않느냐고 자책하며, 윤호 엄마는 정서적으로 풍요로운 과거를 보내서 지금 그러한 육아가 가능한 거냐고 물어온 아이 엄마가 계셨지요. 가급적 솔직하게 올린다 해도 SNS는 제 생활의 일부일 뿐입니다. 불완전한 순간이 아이를 가르치기 더욱 좋은 찬스라고 믿습니다. 저도 그 순간들이 있어서 이만큼 성장했거든요. 양가 부모님께도 진심으로 감사합니다.

여섯 살이 된 51개월 아이는 여전히 채소를 먹지 않지만 스스로 당근을 먼저 먹어보기도 하고, 처음으로 해산물도 도전해봅니다. 이 글을 쓰는 지금, 가장 큰 변화라면 기나긴 마술 여행이 끝나고 피아노로 관심사가 넘어갔다는 점입니다. 학원은 불편하다고 하여 앱을 결제해주었습니다. 아이는 하루도 빼놓지 않고 틀려도 반복 또 반복하며 꿋꿋하게, 한 곡 한 곡 별점을 쌓아가는 중입니다. '학습'에 있어서 만큼은 변화가 너무나 빠르기에 감히 과거의 방식을 아이에게 권하고 싶지 않습니다. 그저 최선을 다해 오늘을 살고 싶습니다.

육아는 오르막길 같다고 느꼈습니다. 기본적으로 누구에게나 힘든 여정인 데다 15kg를 짊어진 사람이 5kg의 짐을 든 사람을 더 가볍다고 무시할 수도 없습니다. 앞 사람이 태릉인 수준의 체력 소유자일 수도 있지요. 각자의 방식으로 각자의 그릇에 맞게 길을 오르다 보면 순탄한 길도 나올 거라 믿습니다. 저도 올챙잇적을 잊지 않고 계속 소통하며 아이와 함께 걸어가겠습니다.

지금껏 부족한 엄마였다고 느껴도 괜찮습니다. '실패해도 괜찮아요'라는 우리 집 가훈처럼요. 정말로 괜찮습니다. 아이에겐 당신이 최고의 엄마랍니다.

부족한 글을 읽어주신 분들께 감사를 전합니다. 함께 책을 만드느라 고생해주신 편집자님께도 감사를 표합니다. 세상에 반드시 나와야 할 책이라며 저를 북돋아준 정경미 작가님, 진심으로 고맙습니다. 때마다 대나무숲이 되어주는 육아동지들, 덕분에 든든합니다. 끝까지 응원해주며 묵묵히 지켜봐준 윤호애비 이희정 씨와 엄마를 세상에서 가장 소중한 존재로 만들어주는 아들 이윤호 씨, 사랑합니다. 끝으로 하나님 은혜에 감사하며 글을 마칩니다.

매운맛 육아

2022년 3월 21일 초판1쇄 발행

지은이 김하연

펴낸이 김은경
편집 이은규, 강현호
마케팅 박선영
디자인 김경미

펴낸곳 ㈜북스톤
주소 서울특별시 성동구 연무장7길 11, 8층
대표전화 02-6463-7000
팩스 02-6499-1706
이메일 info@book-stone.co.kr
출판등록 2015년 1월 2일 제2018-000078호

ⓒ 김하연
(저작권자와 맺은 특약에 따라 검인을 생략합니다)

ISBN 979-11-91211-59-7　(13590)

- 이 책은 저작권법에 따라 보호받는 저작물이므로 무단전재와 무단복제를 금지하며, 이 책 내용의 전부 또는 일부를 이용하려면 반드시 저작권자와 북스톤의 서면동의를 받아야 합니다.
- 책값은 뒤표지에 있습니다.
- 잘못된 책은 구입처에서 바꿔드립니다.

> 북스톤은 세상에 오래 남는 책을 만들고자 합니다. 이에 동참을 원하는 독자 여러분의 아이디어와 원고를 기다리고 있습니다. 책으로 엮기를 원하는 기획이나 원고가 있으신 분은 연락처와 함께 이메일 info@book-stone.co.kr로 보내주세요. 돌에 새기듯, 오래 남는 지혜를 전하는 데 힘쓰겠습니다.